Artemis & Winkler

Bernhard Kytzler

Frauen der Antike

Von Aspasia bis Zenobia

Artemis

Die deutsche Bibliothek – CIP-Einheitsaufnahme
Kytzler, Bernhard:
Frauen der Antike : von Aspasia bis Zenobia / Bernhard Kytzler. - Zürich : Artemis , 1994
ISBN 3-7608-1084-5

Artemis & Winkler Verlag

Printed in Germany
ISBN 3-7608-1084-5

Inhaltsverzeichnis

Vorwort

I

Das vorliegende Lexikon bedeutender antiker Frauen ist nicht nur ein Beitrag zur Dokumentierung zeitgenössischen Wissens, es besitzt auch eine unvermutet illustre Ahnenreihe. Sieben Stationen aus dieser noblen Genealogie seien hier stellvertretend genannt. Zunächst zu erwähnen ist Johann Christian Wolfs (1689–1770) *Catalogus foeminarum … illustrium,* ein zu Hamburg 1735 veröffentlichter Katalog berühmter Frauen. Doch geht der Blick rasch viel weiter zurück, zu bekannteren Namen. 1361 verfaßte Giovanni Boccaccio (1313–1375) seine erste Sammlung von später insgesamt 100 Frauenporträts, zuerst erschienen zu Ulm 1473: Sie erstreckte sich von Eva, der Mutter aller Lebendigen, bis zur Königin Johanna von Neapel, die legendäre Päpstin Johanna nicht zu vergessen. Sogar die Jungfrau Maria figurierte in einem ähnlichen Werk, das Jacobus Philippus Bergamonensis (1434–1520) alias Fra Giacomo Filippo Foresti von Bergamo 1497 veröffentlichte: *De plurimis claris scelestisque mulieribus* – beachtenswert die Titelerweiterung, die neben den vorbildlichen Frauen die verbrecherischen zum Vorschein kommen läßt. Das Werk ist enthalten in dem 1571 in Paris vorgelegten Sammelband *De memorabilibus et claris mulieribus aliquot diversorum scriptorum opera* («Einige Werke verschiedener Schriftsteller über bemerkenswerte berühmte Frauen»).

Etwas spezieller schließlich stellt sich ein Unternehmen dar, das 1718 in Paris erschien und bereits 1722 in 4. Auflage in Amsterdam herauskam: «Les femmes des douze Césars» von Jacques Roergas de Serviez – in zwei Bänden zwanzig Biographien der Frauen an der Seite der ersten zwölf römischen Caesaren. Der Ansatz war zu gut, um nicht noch weiter entwickelt zu werden: Nicht weniger als 60 Biographien umfaßt die Neubearbeitung in drei Bänden Paris 1744, die nun auch verspricht, die «Geschichte des Lebens mit der der geheimen Intriguen» zu verbinden, und neben den «Kaiserinnen» auch die «Prinzessinnen» einbezieht.

Wurde hier bisher in Jahrhunderten gerechnet, so gilt es nun, Jahrtausende ins Spiel zu bringen. Auch die klassische Antike selbst hat schon Frauenkataloge formuliert. Der umfangreichste, freilich leider nur fragmentarisch vorliegende stammt vom frühgriechischen Dichter Hesiod (um 700 v. Chr.). Das Werk umfaßte vermutlich fast 7000 Verse; in seinen fünf Büchern wurden die genealogischen Zusammenhänge vieler mythischer Mütter, Töchter, Tanten, Schwestern verdeutlicht. Es muß ein buntes mannigfaltiges Werk gewesen sein, das heute als «Ehoien» oder «Eoen» zitiert wird, weil die Einzelteile eingeleitet werden durch die beiden (griechischen) Wörter «oder die». Es enthielt Namensreihen und Kataloge, Mythen, Märchen, Schwänke, zumeist gemeingriechisches Gut. Einzig die Darstellung der Alkmene liegt uns noch als Ganzes vor, alles andere nur in Splittern und Bruchstücken – soweit es nicht gänzlich verloren ist. Hunderte von Heroinen, ähnlich wie viel später noch in Apollodors «Bibliothek» zusammengestellt – der Verlust ist schmerzlich, das Faktum des Werkes an sich eindrucksvoll genug.

Auch Plutarch (ca. 70 bis ca. 120 n. Chr.) hat eine kleine griechische Schrift hinterlassen, die unter dem Namen *Mulierum virtutes* zitiert wird und in 27 Beispielen, von den Trojanerinnen Homers bis in die Zeit des Xerxes, Beispiele beibringt für die herausragenden Haltungen und Leistungen einzelner Frauen oder weiblicher Gruppen. En passant sei auch noch des Sueton gedacht, der im «Leben Caesars» die Mätressen des Imperators auflistet, geographisch geordnet notabene erst die Römerinnen, dann die Frauen aus den Provinzen, zuletzt die Ausländerinnen – eine leicht lächerliche Liste, nach der Art von Leporellos Registerarie.

Das früheste Beispiel freilich führt an den Anfang der europäischen Dichtung: zu Homer. Im 11. Gesang der *Odyssee* beschwört Odysseus in der Unterwelt die Schatten der Toten, um seine Zukunft zu erfahren und seinen Weg zu finden. Seine Mutter Antikleia begegnet ihm so, begleitet von einem dichten Schwarm verstorbener Frauen. Zwölf werden namentlich genannt, Alkmene ist unter ihnen, die Geliebte des Zeus und Mutter des Herakles, Epikaste, die Mutter des Ödipus, Leda, die mit dem Schwan Kastor und Pollux gezeugt hat, auch Phädra, von der der Minotauros stammt; als letzte dreizehnte erscheint die «verhaßte Eriphyle», die ihren Gatten Amphiaraos um eines Schmuckstückes willen verraten und in den Tod hatte gehen lassen.

Drei Frauen-Kataloge aus der klassischen Antike, vier

aus der sogenannten Neuzeit – es ist hier nicht der Ort, diese Textsorte weiter zu verfolgen, so lohnend das erscheinen mag. Vielmehr gilt es, nach der Kurzgeschichte nun Inhalt und Intention des im folgenden vorgelegten Versuchs zu verdeutlichen.

II

Die Namensauswahl ist in klarer Abgrenzung getroffen worden: Historische Gestalten aus dem Jahrtausend nach der Gründung Roms sind aufgenommen, Frauen aus der griechischen und römischen Welt, dazu auch Ausländerinnen, «Barbarinnen», wie es damals hieß, soweit sie in den Blick der Berichterstatter jener beiden miteinander eng verflochtenen Hochkulturen traten. Daß bei solcher Abgrenzung an den Rändern Unschärfen auftreten, ist offenbar. Viele Figuren der Frühzeit beispielsweise werden von den antiken Historikern in ihren Geschichtsdarstellungen als reale Personen vorgeführt, obschon ihre historische Geringgewichtigkeit recht deutlich ist. Hier gilt, was von Goethe zu den Gestalten des Livius grundsätzlich gesagt worden ist (zu Eckermann, 15. 10. 1825, Gespräche 3, 226):

«Bisher glaubte die Welt an den Heldensinn einer Lucretia, eines Mucius Scävola, und ließ sich dadurch erwärmen und begeistern. Jetzt aber kommt die historische Critik und sagt, daß jene Personen nie gelebt haben, sondern als Fictionen und Fabeln anzusehen sind, die der große Sinn der Römer erdichtete. Was sollen wir aber mit einer so ärmlichen Wahrheit! Und wenn die

Römer groß genug waren, so etwas zu erdichten, so sollten wir wenigstens groß genug seyn, daran zu glauben.»

Die zeitliche Abgrenzung des Lexikons macht bereits deutlich, daß die frühchristlichen Frauenfiguren hier nicht miteingeschlossen sind. Desgleichen ist rein mythologisches Gut nicht aufgenommen – wobei, wie eben bemerkt, Unschärfen in der Zuordnung nicht gänzlich vermeidbar sind. Überhaupt geht es nicht um rigides Kategorisieren: Auch aus der Zeit vor und nach jenem Jahrtausend, das auf die Gründung Roms folgte, sind je eine besondere Gestalt einbezogen: eine ägyptische Königin, die so den Zeithorizont um eineinhalb Jahrtausende erweitert (Nikoteris I.), und eine Philosophin (Hypatia), deren Leistung und Lebensschicksal Erwähnung verdienen.

Neben solchen historischen Figuren stehen auch einige wenige literarische: Es sind zum einen jene Namen, die römische Dichter ihren Freundinnen gaben (Corinna), wenn sie sie in ihren Liedern besangen – Personen also, deren Pseudonyme bekannter sind als ihre wirklichen Namen, so daß darum beide, die poetischen wie die realen, aufzunehmen waren. Es sind zum anderen die Namen der Heldinnen der griechischen Romane wie Chloe und Anthia, die zwar in der Tat rein fiktiv sind, aber dem Genre entsprechend den Anspruch der Realität erheben. Deshalb sollten sie hier nicht ausgeschlossen bleiben, wo hingegen mythologische Figuren einem eigenen Bereich zugehören und nicht mit wirklichen oder als wirklich konzipierten Gestalten zu vermengen sind. Arsinoe und Anthia ja, Andromache und Antigone nein – die grundsätzliche Abgrenzung zugunsten einer reinlichen Scheidung sollte, es ist zu hoffen, für sich selbst sprechen.

Daneben ist in Erinnerung zu halten, daß uns heute viele Hunderte, ja Tausende von antiken Frauen namentlich bekannt sind. Es sind dies teils Nebenfiguren, die von Historikern und Biographen en passant mit Namen genannt, aber nicht weiter dargestellt werden, teils inschriftlich erwähnte Personen, deren Lebensbahn ansonsten im dunkeln bleibt. Die bekannteste Gattung hier sind die Grabepigramme, wo kurz die Anzahl der Lebensjahre, gegebenenfalls der Kinder, und das eine oder andere lobende Wort eingemeißelt sind, mehr aber nicht zu erfahren ist; und dort sind es die Namen von Müttern oder Gattinnen, von Töchtern oder Tanten, die wohl benannt, aber nicht porträtiert werden. Es versteht sich, daß alle solchen Fälle, wo zwar ein Name, aber kein Lebensweg bekannt ist, auszuschließen waren. Im Gegenzug waren einige Gattinnen einzubeziehen, die zwar nicht namentlich genannt sind, deren eigenes Profil, deren eigentümliches Geschick aber nicht unerwähnt bleiben durften und die darum als «Gattin des» registriert sind.

Jedem einzelnen der rund 300 Namen[1] ist eine Kurzbiographie gewidmet. Sie wird ergänzt durch den

1 Die Kennzeichnung einiger hier mehrfach erscheinender Namen durch römische Zahlen ist allein aus Gründen der einfacheren Unterscheidung innerhalb des vorliegenden Lexikons eingeführt und hat außerhalb desselben keine Bedeutung.

Nachweis der antiken Quellen (wobei im allgemeinen die wichtigeren und bekannteren, nur in Ausnahmefällen die entlegeneren angegeben sind, also Herodot ja, Herodian nein). Hinzu kommt in verschiedenen Fällen auch der Hinweis auf moderne Literatur zur betreffenden Person, ihren Lebensrahmen und Lebensweg. Die das Buch abschließende Gesamtbibliographie kann keinen Anspruch auf Vollständigkeit erheben. Immerhin verweist sie auf die Fülle einschlägiger Arbeiten, vor allem aus den neunziger Jahren. Jedoch sind Einzelartikel in Sammelwerken resp. wissenschaftlichen Journalen nur in Ausnahmefällen angegeben. Daß die benannten Buchpublikationen regelmäßig selbst eingehendere Bibliographien bieten, darf als bekannt vorausgesetzt werden.
Soviel zum Inhalt des Buches; abschließend noch etwas zu seiner Intention.

III

Zwei Bereiche sind es, denen der vorliegende Versuch sich zuordnet: der lexikalischen Information einerseits, dem leserischen Vergnügen andererseits. Zum einen ist beabsichtigt, erste Erklärungen zu all jenen Namen zu liefern, die dem modernen Menschen begegnen mögen, in Bildwerken und auf der Bühne, beim Lesen wie beim Betrachten, von der kühnen Königin Kleopatra bis zur keuschen Lucretia, von der frühgriechischen Dichterin Sappho bis zur spätantiken Hypatia, von der meist mißverstandenen Hausfrau Xanthippe II. bis zu der meist mißverstandenen Hetäre Lais I., von der germanischen Stammesfürstin Thusnelda bis zur syrischen Oasenkönigin Zenobia II. aus Palmyra. Über sie und viele andere antike Frauen, die selbst vielleicht weniger bekannt, aber nicht weniger bemerkenswert sind, wird rasch zugängliche Information angeboten, werden Orientierungsdaten bereitgestellt und Zusammenhänge aufgewiesen. Lexikalische Information als erste Intention also; doch nicht diese allein, sondern noch ein anderer Bereich eröffnet sich.

Der Band ist auch ein Buch zum Blättern und Betrachten, eine Lockung zum Lesen und Schmökern. Neben dem gezielten Zugriff betreffs einer Person, neben der Vernetzung zusammengehöriger Gruppen durch Querverweise wie etwa der Dichterinnen (→ Praxilla), der Malerinnen (→ Timarete), der Philosophinnen (→ Hypatia), der Pseudonyme aus der erotischen Dichtung (→ Lesbia), der Rebellinnen (→ Zenobia I.), steht gleichberechtigt auch die Möglichkeit des ungezielten Zugriffs zum Zwecke des Unterhaltens und der übergreifenden Information. Wer wahllos hineinschaut in dieses Panorama weiblichen Lebens, wer unbehindert vom Zwang des Alphabets den Zug der Gestalten verfolgt, in dem Hoch und Niedrig auftreten, viele Kluge und einige Törichte, viele Vorbildliche und manche Mörderinnen, wird nicht enttäuscht. Täterinnen und Opfer stehen Seite an Seite: Opfer der Gesellschaft, die als Spielball dynastischen Denkens schon mit einem Jahr verlobt werden (→ Octavia II.) oder mit zwei (→ Julia), die hernach im Handumdrehen wieder entlobt oder gar geschieden werden, um in neue angeblich vorteilhafte oder politisch wichtige Bindungen verflochten zu werden. Neben den Opfern der Gesellschaft freilich dann auch die Opfer der Rankünen und Launen und Grausamkeiten seitens der Mächtigen und Einflußreichen, von den Haremsintrigen des Orients bis zu den Palastintrigen auf dem Palatin Roms, in den Kaiserhäusern und Adelsfamilien – die vielen Verbannungen und Folterungen, Tötungen und Selbsttötungen geben ein grelles Bild einer gnaden- und gesetzlosen, gemeingefährlich gewordenen Gesellschaft.

Natürlich ist das Interesse nicht auf das Rom der Caesaren beschränkt: Da ist die Information im römischen Jugendsekten-Skandal 181 v. Chr. («Traue keinem über 20!» hieß es damals) oder die furchtlose Pfadfinderin Cloelia im Porsenna-Krieg; da erscheinen die Flottenchefinnen Artemisia I. und Xanthippe wie die Siegerin im Krieg gegen König Kyros, die Königin Tomyris. Da erheben sich die Rebellinnen, die Königin Boudicca in Britanniens Wäldern und Zenobia II. in der syrischen Wüste. Sie zu überwältigen hat das Römische Imperium alle Mühe gekostet. Man könnte über jede dieser Frauen ein Drama schreiben, einen Roman verfassen, ein Filmskript verfertigen – freilich: Fakten und Vorgänge in der Realität sind bunt und phantastisch genug, sie bedürfen nicht der Ausschmückung.

Herrscherinnen und Hetären, Mütter und Mörderinnen, treue Gattinnen und treulose Gefährtinnen, gefährliche Gesellschaftsdamen und harmlose Hausfrauen, Verräterinnen und Patriotinnen, prophetische Pythien, Seherinnen wie die sagenhaften Sibyllen und

Spezialistinnen wie die Sexualschriftstellerinnen Elephantis und Philainis – die Vielfalt der Profile ist erstaunlich. Ein breites Bündel oft bizarrer Begebnisse bietet sich dar, die Weite des Panoramas hält unerwartete Überraschungen in Fülle bereit. Von den Flottenchefinnen Artemisia und Xanthippe bis zu Nekromatie und Nekrophilie (S. 114), von den Lasterlisten (S. 53) zu den Tugendkatalogen (S. 49, 56, 65f., 135, 168, 179), von den grausam blutigen Rache-Rasereien einer Amnestris bis zu den stoischen Tugenden der Arria – all diesen Frauen lesend zu begegnen, ihre Schicksale zu erfahren und aus diesen vielen so sehr unterschiedlichen Mosaiksteinen ein Bild der Welt der Frau im frühen Europa zu gestalten, ist eine vielversprechende Möglichkeit. Sie bietet sich allen, die ihren Weg quer durch den Band nehmen und seine vielfältigen Facetten auf sich wirken lassen.

Roma – Beffana 1994
Bernhard Kytzler

Herzlicher Dank gilt Herrn Prof. Dr. Bernhard Andreae und seinen Mitarbeitern im Deutschen Archäologischen Institut in Rom, die den Abschluß des Manuskriptes unter idealen Arbeitsbedingungen ermöglichten; der University of Natal, Durban / Südafrika, die einen Reisekostenzuschuß gewährte; Herrn Dr. Thomas Meier, der im Verlag das Manskript mit besonderem Einsatz und außerordentlichem Engagement betreut hat. B. Ky.

Acte → Claudia Acte

Ada

Schwester der → Artemisia II., Gemahlin ihres Bruders Idreus, nach dessen Tod 344/343 sie als persische Vasallin das Regiment über Karien führte. Da 340 ihr jüngerer Bruder Pixodaros die Herrschaft an sich riß, flüchtete sie nach Alinda im karischen Hinterland und hielt sich dort bis zum Einmarsch Alexanders d. Gr. im Jahre 344. Sie zog ihm entgegen und begrüßte ihn als ihren Sohn. Er setzte sie wieder als Herrscherin über Karien ein, sein Feldherr Asander belagerte und eroberte mit ihr zusammen 333 Halikarnass. Vielleicht war sie es, die das «Mausoleum» vollendete. Im April 1989 wurde in Bodrum (= Halikarnass) in der Türkei ihr Grab unversehrt gefunden. Man hat ihre Erscheinung rekonstruieren können, so daß sie nun in ihrer authentischen Lebensgröße und -gestalt dem Besucher in Bodrum begegnet.

Quelle: Diodor, Geschichte XVI.

Literatur: H. Berve, Das Alexanderreich auf prosopographischer Grundlage. München 1926; E. Buschor, Maussolos und Alexander, 1950; P. E. Clayton, Minerva 4, 1993, 2.

Adobogiona

Tochter des keltischen Tobistobogierfürsten Deiotarus, die Gattin des Brogitaros, der sich den Ehrentitel «Freund des römischen Volkes» teuer gekauft hatte. Eine Büste von ihr befindet sich in Izmir.

Adobogiona, Smyrna (Izmir)

Aebutia → Hispala Faecenia

Agrippina I.

Vipsania Agrippina, die Tochter des Augustus-Freundes Vipsanius Agrippa und seiner Gemahlin Caecilia Attica, wurde um 33 v. Chr. geboren. 16–12 war sie die Gattin des späteren Kaisers Tiberius, dem sie 15 den Drusus Caesar gebar. Als ihr Vater 12 v. Chr. verstarb, ordnete Augustus die Ehe seiner Witwe mit Tiberius an; dieser mußte sich scheiden lassen; A. heiratete Asinius Gallus und starb 20 n. Chr. «als einziges», wie Tacitus bemerkt, «der Kinder des Agrippa eines sanften natürlichen Todes».

Quellen: Tacitus, Annalen; Sueton, Leben des Tiberius.

Agrippina II.

Vipsania Agrippina (Maior), Tochter des Augustus-Freundes Marcus Vipsanius Agrippa und seiner Gattin Julia, wurde 14 v. Chr. geboren. Sie heiratete 5 n. Chr. den Germanicus, dem sie neun Kinder gebar, unter ihnen im Jahre 12 den künftigen Kaiser Caligula. Sie begleitete ihren Mann 14–16 in Germanien, 17–19 im Osten; im Winter 19/20 überführte sie seine Asche nach Rom. Ihr herrisches Wesen hatte in den Provinzen zu Problemen geführt, in Rom kam es ebenfalls zu Spannungen, vor allem mit Tiberius und Sejan. Wenn sie beim Kaiser speiste, nahm sie keinerlei Nahrung zu sich aus Furcht, es könnte Gift enthalten sein. Bald nach dem Tode der → Livia wurde A. nach Pandateria verbannt

(→ Julia), wo sie 33 durch Hungern starb. 37 ließ ihr Sohn Caligula ihre Asche im Mausoleum des Augustus beisetzen.

Quellen: Tacitus, Annalen; Sueton, Leben des Tiberius und des Caligula; Inschriften.

Agrippina III.

Julia Agrippina (Minor), Tochter der → Agrippina II. und des Germanicus, geb. 6. Nov. 15 n. Chr. in Köln (Colonia Agrippiensis), heiratete 28 den Gnaeus Domitius Ahenobarbus und gebar am 15. Dez. 37 in Antium den künftigen Kaiser Nero. Der Gatte starb kurz vor 39, dem Jahr der Verbannung A.s nach den pontischen Inseln infolge ihrer Verwicklung in die Verschwörung des Lepidus. Nach dem Regierungsantritt im Jahre 41 ließ Kaiser Claudius sie zurückrufen und ihr ihr Vermögen zurückerstatten. → Messalina I. verhinderte A.s Annäherung an den Kaiser, die daraufhin den Passienus Crispus heiratete. Als aber Messalina 48 ihren Platz räumen mußte, beseitigte A. ihren Gatten (nicht ohne ihn zu beerben) und vermochte 49 den Kaiser, ihren Onkel, zu heiraten. Ein Gesetz, das die Ehe zwischen Oheim und Nichte verbot, ließ Claudius annullieren.
Von nun an baute A. ihre Macht ständig auf und aus, um ihr höchstes Ziel zu erreichen: den Kaiserthron für ihren Sohn. Claudius adoptierte ihn auf ihr Drängen, durch ihren Einfluß entfremdete er sich auch mehr und mehr von seinem eigenen Sohn Britannicus. A. räumte konsequent ihre Gegner(innen) aus dem Weg und verstärkte ihre Partei am Hofe. So ließ sie auch Seneca aus

Agrippina II., Museo Capitolino, Rom

Agrippina III., Ny Carlsberg Glyptotek, Kopenhagen

der Verbannung, in die ihn → Messalina getrieben hatte, zurückrufen und zum Erzieher Neros bestellen. 50 wurde ihre Geburtsstadt als Colonia Agrippiensis nach ihr benannt, sie erhielt den Ehrentitel *Augusta* und im Osten des Reiches gar göttliche Ehrungen. Tacitus nannte ihre Macht «eine geradezu männliche Despotie».

Am 13. Oktober 54 geschah der entscheidende Schlag: A. vergiftete Kaiser Claudius mit einem Pilzgericht, ihr Sohn Nero bestieg den Thron. Er war zunächst bereit, seiner Mutter Dankbarkeit zu erweisen, doch auch zwischen ihnen erwuchsen Spannungen. Ein erster Höhepunkt führte zu A.s Drohung, sie werde dem Britannicus alles über die Thronfolge offenlegen; Nero ließ daraufhin Britannicus 55 beim kaiserlichen Diner vergiften. A.s Einfluß sank weiter, → Poppeas Stern stieg. A. soll versucht haben, Nero zum Inzest mit ihr zu verlocken; das Manöver mißlang, der Kaiser beschloß den Muttermord.

Gift schied aus, da A. genug Gegengift genommen hatte; Gewalt auch, da sie zu beliebt war. Ein Freigelassener namens Anicetus bot an, ein Schiff zu bauen, das unterwegs sinken würde, so daß sich ein Unfall als Todesursache ergeben würde. Der ingeniöse Plan ging fehl, eine Magd kam zu Tode, die Kaiserinmutter kam mit einer leichten Wunde davon und schwamm an Land. Nero, höchst schockiert über die Neuigkeit, befahl Anicetus, die Tötung durch Beauftragte ausführen zu lassen. A. erfüllte so ihr vorbestimmtes Schicksal: Orakelpriester hatten ihr vor Jahren auf ihre Frage hinsichtlich Neros Zukunft geantwortet, er werde Kaiser werden und seine Mutter töten. Sie hatte damals geantwortet: «Wenn er herrscht, mag er töten!»

Quellen: Tacitus, Annalen 12–14; Sueton, Leben des Claudius und Leben des Nero; Münzen; Inschriften.

Literatur: Kornemann, 221–251.

Amestris

Gattin des Xerxes, hatte für ihn ein prächtiges Gewand gewebt, das dieser als Geschenk für einen Beischlaf seiner Nichte Artaynte weiterverschenkte. A. gab weder ihm noch ihr die Schuld, sondern der Mutter der Artaynte, der der Großkönig bereits erfolglos nachgestellt hatte. A. wartete den Geburtstag des Herrschers ab, bei dessen Festmahl kein Wunsch unerfüllt bleiben durfte. Sie erbat und erhielt die Mutter der Artaynte zum Geschenk. Dem Vater der Artaynte, Masistes, der um nichts wußte, legte Xerxes die Trennung von seiner Frau nahe und bot ihm dafür seine eigene Tochter zur Frau an. Als dieser ablehnte, nahm das Unheil seinen Lauf: A. ließ von der Palastwache ihre Rivalin ergreifen, ließ ihre Brüste abschneiden und den Hunden zum Fraß vorwerfen, ferner Nase, Ohren, Lippen und Zunge ausschneiden und sie in dieser Verstümmelung heimschicken. Beim Versuch, einen Aufstand in Baktrien anzuzetteln, wurde ihr Gemahl Masistes eingeholt und mit dem ganzen Gefolge getötet.

Quelle: Herodot, Geschichte 9, 108–113.

Anthia

Zentralfigur eines spätantiken griechischen Romans, dessen Autor Xenophon aus Ephesos ist und dessen Titel darum oft als «Ephesiaka» zitiert wird, oft auch nach Held und Heldin «Habrokomas (oder Abrokomes) und Anthia». Die wohl in den Anfang des 3. Jh. n. Chr. zu setzende Erzählung führt eine Kindfrau vor, die auf der Hochzeitsreise in Piratenhände fällt, getrennt wird und wegen ihrer außerordentlichen Schönheit das Objekt vieler Begierden ist. Trotz ihrer nun niedrigen und hilflosen Stellung vermag sie ihre eheliche Treue zu verteidigen, ebenso auch ihr schöner Gemahl, der sie ständig im ganzen Mittelmeerraum sucht. Nach vielen Irrungen und Wirrungen führt ein glückliches Ende die beiden wieder zusammen und nach Hause zurück nach Ephesos.

Quelle: B. Kytzler (Hg.), Im Reiche des Eros, Bd. 1, München 1983, 100–163.

Anyte von Tegea

Nächst → Sappho ist Anyte (um 300 v. Chr.) die uns durch die meisten Verse bekannte Dichterin der Antike. Über 20 Epigramme sind erhalten; auch wenn einzelne in ihrer Echtheit zweifelhaft sind, so hat sich immerhin folgende Gruppierung der Poeme in der griechischen Antike ergeben:

– 5 Gedichte auf Gegenstände (Anthologia Graeca 6,123. 153. 312; 9,144. 175),

– 5 Gedichte auf Landschaften (9,313. 314; 16,228. 231. 291),

– 5 Gedichte auf Gräber von Menschen (7,486. 490. 646. 649. 724) und

– 5 Gedichte auf Gräber von Tieren (7,190. 202. 208. 215 und bei Pollux 5,118).

Die beste Würdigung ihrer Poesie verdanken wir Georg Rohde: «Die Dichterin Anyte ist eine Frau, die an Gestalten wie Sappho und Diotima erinnert. Ernst und Würde atmen ihre Dichtungen; das Zierliche und Witzige, das tändelnde Spiel des hellenistischen Epigramms ist ihr fern. Zwei Themen fehlen, die vor allem bei den Alexandrinern ausgebildet sind: Liebe und Trunk. Die Epigramme der Anyte sind beseelt von einem heroischen, staatlich-religiösen Geist: religiöser Geist ist es auch, der in ihrem Naturgefühl lebendig ist. Hier werden Töne angeschlagen, wie sie in der Antike nicht wiederkehren; es ist das einzige Mal, daß Meer und Gebirge in ihrer fremden und wilden Schönheit erfaßt werden. Anmut und Kraft von Tieren – Anyte hat als erste Tierepikedien gedichtet – erscheinen in einer seelenhaften Beziehung zur Landschaft. Daneben stehen Epigramme voller verhaltener Klage um den frühen Tod edler Jugend; der Opfertod für das Vaterland tritt als beherrschendes Motiv hervor. Inschriften für kampferprobte Waffen begegnen uns, die der Krieger am Ende seiner Laufbahn dem Gotte darbringt, dem sein Leben geweiht war. [...] Eine ganze Reihe ihrer Epigramme leben von dem Motiv der gotterfüllten Landschaft. Nicht mehr wird die Natur unter mythischem Bilde angeschaut wie etwa bei Aischylos: Sie ist schon sie selbst, aber sie bleibt Offenbarung der Gottheit, die in ihr webt und lebt.»

In der Antike wurde Anyte als «der weibliche Homer» gefeiert (Antipatros, Griechische Anthologie, 9,26) – eine höhere Angleichung war nicht denkbar (→ Praxilla).

Quelle: The Epigramms: Anyte, hg. D. Geoghagan, Rom 1979.

Literatur: Luck, 172–181; Snyder, 67–77; G. Rohde, Studien und Interpretationen, Berlin 1963, 88 f.

Arbuscula

Eine berühmte und selbstbewußte Schauspielerin in der Mitte des 1. Jh. v. Chr. Bekannt ist ihr Ausspruch, als einige Zuschauer aus der Menge ihr Mißfallen äußerten: «Mir genügts, wenn die Kenner Beifall klatschen.»

Quellen: Cicero, Briefe an Atticus 4, 15, 6; Horaz, Satiren 1,10,76.

Arete

Tochter des Philosophen Aristippos d. Ä. und Mutter des Philosophen Aristippos d. J., selbst auch Philosophin, die den Enkel in der Lehre des Großvaters unterwies. Ein Brief des sterbenden Vaters an seine Tochter, der sich erhalten hat, ist als Ganzes nicht authentisch, mag aber auf eine echte Vorlage zurückgehen.

Quellen: Diogenes Laertius 2, 72, 86; Hercher, Epistolographi Graeci 628/9.

Arete, Berlin

Arfania → **Carfania**

Argentaria → **Polla Argentaria**

Aristarete

Malerin, die Tochter des Nearchos und seine Schülerin, malte ein Bild des Asklepios. → Timarete.

Quelle: Plinius, Naturgeschichte 35, 147.

Aristonike

Als der Perserkönig Xerxes seinen Zug gegen Griechenland unternahm, befragten die Athener das delphische Orakel Apollons. Die → Pythia A. gab ihnen eine zwölf Zeilen umfassende unheilverkündende Antwort. Verstört baten die Athener um ein weiteres Orakel; und A. antwortete wiederum in zwölf Verszeilen, diesmal zur Unheilsverkündung noch eine Rettungsverheißung hinzufügend: Die Athener würden sich durch «hölzerne Mauern» schützen können. Themistokles deutete das auf die Flotte und ermöglichte so den Seesieg bei Salamis. → Pythia.

Quelle: Herodot, Geschichte 7, 140 ff.

Arria I.

Die Gattin des Aulus Caecina Paetus ist durch ihr standhaftes Ende hochberühmt geworden, hat aber auch schon zuvor Zeichen ihrer Selbstbeherrschung gegeben. Als ihr Mann und ihr Sohn gleichzeitig krank waren und das Kind verstarb, verheimlichte sie das dem Vater, um ihn nicht zu beunruhigen, bestattete den

Leichnam in aller Stille und erstattete dem Gatten weiter Berichte über sein Wohlbefinden wie «Das Kind hat gut geschlafen» oder «Es hat mit Appetit gegessen». Wenn die Tränen sie übermannten, ging sie hinaus und kam später gefaßt wieder. Als ihr Mann im Jahre 42 an einem Aufstand in Illyrien teilnahm und nach Rom zur Aburteilung gebracht werden sollte, wollte sie mit aufs Schiff, um ihm alle Sklavendienste zu leisten. Als ihr das abgeschlagen wurde, mietete sie einen Fischerkahn und folgte ihm über die hohe See nach Italien. Dort beobachteten sie ihre Verwandten genau, um einen Selbstmord zu verhindern. Sie sagte ihnen: «Ihr richtet nichts aus; ihr könnt bewirken, daß ich unschön sterbe – daß ich nicht sterbe, könnt ihr nicht bewirken.» Zum Beweis rammte sie ihren Kopf mit solcher Wucht gegen die Wand, daß sie zusammenbrach. «Reichen Ruhm», *ingens fama,* fand schließlich ihr Sterbewort, ein «unsterblicher, übermenschlicher Satz», *vocem immortalem ac paene divinam:* In der Todesstunde stieß sie sich selbst den Dolch zuerst in die Brust und reichte ihn dann zu gleichem Gebrauch ihrem Gatten mit dem Satz: «Es schmerzt nicht, Paetus!» *Paete, non dolet.*

Quellen: Plinius d.J., Briefe 3, 16; Martial, Epigramme 1, 13.

Literatur: Hesberg-Tonn 98–101.

Arria II.

Tochter der → Arria I., Gattin des Publius Clodius Thrasea Paetus, Verwandte des Satirendichters Persius, Mutter der → Fannia, befreundet mit Plinius d. J.

Arsinoe I., Alexandria

Als im Jahre 66 ihr Mann als Opfer Neros zum Tode verurteilt wird, will sie sein Schicksal teilen und das Schicksal ihrer Mutter nachvollziehen. Dieser gebietet ihr jedoch, sich für ihre Kinder am Leben zu erhalten. Ihr Schwiegersohn Helvidius Priscus kam unter Vespasian um; sie nahm am Exil ihrer Tochter Fannia teil, die unter Domitian 93/94 zum dritten Male verbannt war, als deren Stiefsohn, der jüngere Helvidius Priscus, hingerichtet wurde. Unter Kaiser Nerva konnte sie nach Rom zurückkehren.

Quellen: Tacitus, Annalen 16,3; Plinius d. J., Briefe.

Arsinoe I.

Die Tochter des Ptolemaios I. und der Berenike wurde 299 v. Chr. Gattin des Thrakerkönigs Lysimachos. Sie floh 281 nach dem Tode des Lysimachos nach Kassandreia und wurde die Gattin ihres Halbbruders Ptolemaios Keraunos, d. h. Königin von Makedonien. Schließlich floh A., als Ptolemaios ihre Söhne tötete, 279 nach Ägypten, wo sie die Verbannung der Königin Arsinoe durchsetzte und selbst Gattin des eigenen acht Jahre jüngeren Bruders Ptolemaios II. wurde. Die einflußreiche Frau, nacheinander Königin dreier Diadochenreiche, starb am 9. Juli 270.

Quellen: Plutarch, Leben des Demetrios; Theokrit, Idyll 17; Inschriften.

Arsinoe II.

Die jüngste Tochter des Ptolemaios XII. und Schwester der → Kleopatra erhielt 47 v. Chr. zusammen mit Ptolemaios XIV. von Caesar Zypern zugesprochen. Sie kämpfte gegen Caesar in Ägypten und wurde von ihm fortgeführt, auch 46 im Triumphzug mitgeführt und dann freigelassen; 41 wurde sie auf Wunsch ihrer Schwester auf Befehl des Antonius in Ephesos umgebracht.

Quellen: Caesar, Bürgerkrieg 3, 112; Caesar, Alexandrinischer Krieg 23 und 33; Josephus, Altertümer 15,89.

Literatur: Kornemann, 110–134.

Artemisia I.

Nach dem Tode ihres Gatten führte A. als Vormund ihres Sohnes die Herrschaft über Halikarnassos und andere Gebiete. Im Jahre 480 v. Chr. nahm sie mit fünf Kriegsschiffen am Feldzug des Xerxes gegen Griechenland teil. Ihr Enkel, der Historiker Herodot, hebt ihre Klugheit und Entschlossenheit hervor, auch ihren Einfluß auf den Großkönig. Sie nahm an der – von ihr vorab abgelehnten – Schlacht bei Salamis teil und vermochte der Verfolgung durch die Griechen – die einen Kopfpreis von 10000 Drachmen auf sie ausgesetzt hatten – geschickt zu entgehen. Dem Großkönig riet sie zur Umkehr und geleitete einige der Königskinder zurück nach Ephesos. Weitere Nachrichten fehlen.

Quelle: Herodot, Historien, Buch 7 und 8.

Literatur: Birt, 50–57.

Artemisia II.

Als Schwester und Gemahlin des karischen Königs Mausolos von Myala führte A. nach seinem Tode

353–351 erfolgreich die Herrschaft über Karien und Rhodos. Sie wußte Abtrünnige rasch wieder unter ihre Botmäßigkeit zu bringen. Besonders aber blieb das von ihr ihrem Gatten errichtete gewaltige Grabmal in Erinnerung, nach dessen Eigennamen noch heute jedes Mausoleum diese Bezeichnung trägt.

Quelle: Diodor, Geschichte, 16,45.

Aspasia

A. kam aus ihrer Heimatstadt Milet in den frühen vierziger Jahren des 5. Jh. v. Chr. nach Athen. Sie wurde dort die zweite Frau des Perikles und gebar ihm zwischen 445 und 440 einen Sohn, der zwar seinen Namen trug, aber durch ein Bürgerrechtsgesetz seines Vaters von 451/450 vom Bürgerrecht ausgeschlossen blieb. Nach dem Vorbild der → Thargelia von Milet strebte auch A. nach politischem Einfluß. Sie übte ihn nicht nur durch ihren Gatten aus, sondern soll auch selbst die Redekunst gelehrt und mit Sokrates wie auch seinem Schülerkreis Umgang gehabt haben. In der Tat sind die Nachrichten der Sokratiker über sie im allgemeinen recht günstig, während die Komödie sie als Hetäre und Bordellbesitzerin besudelt. Eine Anklage gegen sie wegen Gottlosigkeit und Kuppelei im Jahre 433/432 vermochte Perikles mit Mühe abzuwehren. Nach seinem Tode war A. mit dem Schafhändler Lysikles verbunden. Ob A. wirklich am Samischen Krieg und dem Megarischen Psephisma ursächlich beteiligt war, muß offen bleiben. Immerhin wurde ihr in ihrer eigenen Zeit eine derart weitgehende Einflußnahme zugetraut. Als

Aspasia, Vatikan, Rom

schöne, selbstbewußte, geistreiche Frau hat sie sich gegen die gesellschaftlichen Zwänge ihrer Epoche souverän zu behaupten gewußt.

Quellen: Plutarch, Leben des Perikles; Athenaios 13, 608ff.

Literatur: Kornemann, 63–76.

Atossa

Tochter des Kyros, Gemahlin zuerst ihres Bruders Kambyses, dann des Smerdis, schließlich des Dareios, mit dem sie vier Kinder hatte. A. verhalf ihrem Ältesten, Xerxes, zur Thronfolge. Aischylos hat sie in seinem «Perser»-Drama auf die Bühne gebracht: Sie ruft am Grabmal des Dareios seinen Schatten aus dem Jenseits herauf.

Quellen: Herodot, Geschichte; Aischylos, Die Perser.

Literatur: Kornemann, 47–63.

Attia Viriola

Eine vornehme Römerin, die vor Gericht Klage erhob, als ihr achtzigjähriger Vater eine Stiefmutter ins Haus brachte und sie so ihr Erbe gefährdet sah. In dem Musterprozeß vor vier Kammern mit 180 Richtern wurde sie u. a. von Plinius d. J. vertreten. Es gab einen großen Andrang und gespanntes Interesse, «vor allem bei Vätern und Töchtern und ganz besonders bei Stiefmüttern». Der Ausgang war bezeichnend für das bereits überentwickelte Rechtswesen Roms: A. V. gewann ihren Prozeß in zwei Kammern, in den beiden anderen verlor sie ihn. Sie konnte sich zumindest trösten: Die Stiefmutter, die eh nur ein Sechstel der Erbmasse hatte erhalten sollen, unterlag.

Quelle: Plinius, Briefe 6, 33.

Berenike I.

Aus der Reihe der ägyptischen Herrscherinnen und Prinzessinen dieses Namens verdient Hervorhebung jene B., die 221 v. Chr. von den Höflingen ihres Sohnes Ptolemaios IV. ermordet wurde. Sie war zunächst mit Ptolemaios III. verlobt, dann aber mit dem makedonischen Prinzen Demetrios dem Schönen verheiratet. Dieser hatte ein Verhältnis mit ihrer Mutter Apame. Sie ließ ihn umbringen, herrschte kurz allein und heiratete dann Ptolemaios III. nach dessen Thronbesteigung am 27. Januar 246 v. Chr. Sie gebar ihm vier Kinder. Ihre relative Unsterblichkeit verdankt B. dem Hofastronomen Konon, der ein neugefundenes Sternbild nach ihrer Locke bezeichnete, die sie für Sieg und Heimkehr ihres Gatten aus dem 3. Syrischen Krieg gelobt hatte. Diese «Locke der Berenike», wie sie auch heute noch am Himmel zu beobachten ist, wurde von dem zeitgenössischen griechischen Dichter Kallimachos (Fragment 110 und 387) sowie später in der Nachgestaltung des lateinischen Poeten Catull (carm. 66) dichterisch verherrlicht. Drei Städte am Roten Meer wurden nach ihr benannt. Als Herrscherin führte sie den Titel «Schwester und Frau des Königs» und genoß mit ihm zusammen religiöse Verehrung als «wohltätige Gottheit».

Quellen: Münzen; Inschriften.

Berenike I., aus Kyrene, Bengasi

Berenike II.

Als Tochter des Herodes Agrippa I. wurde B. 18 n. Chr. geboren. Sie war mit ihrem Onkel Herodes von Chalkis verheiratet und lebte nach seinem Tode im Jahre 48 im Inzest mit ihrem Bruder Herodes Agrippa II. Bekannt wurde sie als Geliebte des späteren Kaisers Titus, dem sie 67 in Judäa begegnete und später nach Rom folgte. Die Erwartung, die orientalische Prinzessin werde römische Kaiserin werden, trog; aus unbekannten Gründen trennte sich das Paar, B.s Erscheinen am Kaiserhof blieb Episode. Mommsen nannte sie eine «Miniatur-Kleopatra».

Quellen: Flavius Josephus, Der jüdische Krieg; Sueton, Leben des Titus.

Literatur: E. Mireaux, La reine Bérénice, 1951; J.-A. Crook, Titus and Berenice, AJP 1951, 162–175.

Roman: Lion Feuchtwanger, Der jüdische Krieg.

Boudicca

Gemahlin des britannischen Icenerfürsten Prosutagus. Dieser hatte den römischen Kaiser zum Erben bestimmt in der Hoffnung, so seinen Nachlaß und seine Familie zu schützen, doch wurden seine Witwe von der Soldateska der Invasoren grob mißhandelt, die Töchter vergewaltigt, das Land ausgeraubt. Als im Jahre 61 der Statthalter mit einem Heeresteil auf einer Expedition zur Insel Mona unterwegs war, führte B. einen Aufstand an und konnte bald Camulodunum (Colchester), Londinium (London) und Verulamium (Saint Albans) erobern. Während der Prokurator Catus nach Gallien floh, eilte der Statthalter Suetonius Paullinus zurück und wagte trotz zahlenmäßiger Unterlegenheit eine Schlacht. Tacitus bemerkt, die Provinz Britannia wäre verloren gewesen, hätte das Glück dieses einen Treffens nicht die frühere Botmäßigkeit wiederhergestellt. Er bemerkt auch, der Aufstand habe etwa 70 000 römischen Bürgern und Bundesgenossen das Leben gekostet, und erwähnt, nach manchen Berichten seien 80 000 Britannier gefallen. B. nahm sich nach der Niederlage mit Gift das Leben. Auch von ihr darf gelten, was Horaz von → Kleopatra gesagt hat: *non humilis mulier* – keine gewöhnliche Frau. → Zenobia II., → Kleopatra.

Quellen: Tacitus, Annalen 14, 31–37, und Agricola 16.

Literatur: C. M. Bulst, Historia 10, 1961, 496–509; H. Königer, 1966, 61f.

Caecilia Metella I.

Tochter des Lucius Caecilius Metellus Dalmaticus (Konsul 119 v. Chr.), Gattin des Marcus Aemilius Scaurus (Konsul 115 v. Chr.) und Mutter dreier Kinder. 88 v. Chr. verstieß Sulla seine dritte Frau Cloelia und heiratete C. M., was man in Rom mißbilligte. Sie flüchtete 86 zu Sulla in sein Lager in Griechenland. Er bestrafte die Athener, die sie während seiner Belagerung verspotteten, nach der Eroberung hart. Nach seiner Rückkehr nach Rom bat das Volk sie um ihre Vermittlung, um Milde beim Diktator zu erwirken. Auch ihrem zweiten Gemahl gebar sie drei Kinder. C. M. erkrankte 81 während des Triumphfestes; Sulla, ein sehr abergläubischer Mann, ließ sie aus seinem Hause entfernen und sich von ihr scheiden, sorgte aber nach ihrem Tode für eine prächtige Begräbnisfeier.

Quellen: Plutarch, Leben des Sulla; Plinius d. Ä., Naturgeschichte 36, 113.

Caecilia Metella II.

Tochter des Quintus Caecilius Metellus Creticus (Konsul 69 v. Chr.), Gattin des Marius Licinius Crassus, des älteren Sohnes des Triumvirn. Ihr großes rundes Grabmal an der Via Appia bei Rom ist als bedeutendes Denkmal in der Campagna bekannt (heute *Capo di bove* benannt).

Quelle: Corpus Inscriptionum Latinarum VI, 1274.

Caecilia Trebulla

C. T. besuchte vermutlich im 2. Jh. n. Chr. wie Kaiserin → Sabina, → Julia Balbilla und → Demo den Memnonskoloß in Ägypten und beschriftete ihn mit drei improvisierten Dichtungen in jambischen Trimetern.

Quelle: Bernard, 92–94.

Literatur: Homeyer, 107–109; West, 101–115.

Calpurnia I.

Das Bild der C., der vierten Frau Caesars (100–44 v. Chr.) nach → Cossutia, → Cornelia III., → Pompeia, bleibt blaß. Sie wurde von Caesar 59 geehelicht, als zugleich seine Tochter → Julia Gattin des Pompeius wurde und so der politische Bund der beiden auch familiär verfestigt wurde. Daß Caesar nicht seine langjährige, von ihm leidenschaftlich geliebte Freundin → Servilia ehelichte, sondern C., mag an seiner Hoffnung gelegen haben, von der 18jährigen einen Sohn zu bekommen; Servilia hingegen war ihm gleichaltrig, also vierzigjährig. Freilich ging diese Erwartung nicht in Erfüllung, und 52 war sogar – freilich aus politischem Kalkül – eine Scheidung im Gespräch, zu der es aber nicht kam. In der Nacht vor den Iden des März hatte C. prophetische Träume und war fast erfolgreich, ihren Mann vom Gang in die einberufene Senatssitzung abzuhalten. Er ließ sich dann aber doch dorthin geleiten. Nach dem Attentat überantwortete C. Caesars Dokumente und Gelder dem Marcus Antonius, der sie für seine eigenen Zwecke ausnutzte. Über C.s Ende ist nichts bekannt; erhalten ist nur die Inschrift des Grabsteines einer ihrer Dienerinnen.

Quellen: Sueton, Leben des Caesar; Plutarch, Leben des Caesar.

Literatur: Salza, 104–112.

Calpurnia II.

Nichte der → Hispulla, dritte Gattin des Plinius d. J. seit 104. Die offenbar recht junge Frau hing sehr an ihrem Gatten. Sie bemühte sich, seine literarischen Interessen zu teilen, nahm an den von ihm als Rechtsanwalt geführten Prozessen so regen Anteil, daß sie Sonderboten einsetzte, die ihr jede Phase des Plädoyers berichten mußten, und bei den Rezitationen des Gatten war sie selbst, hinter einem Vorhang verborgen, anwesend. Sie vertonte seine Lyrik, ohne Anleitung eines Fachmannes, «sondern allein aus Liebe: Sie ist der beste Lehrmeister» – *non artifice aliquo docente, sed amore, qui magister est optimus.* Ihre schwache Konstitution veranlaßte Kuren und so Trennungen der Eheleute, die mit Liebesbriefen überbrückt wurden (6,4 und 7; 7,5), und führte schließlich zu einer Fehlgeburt, von der Plinius der → Hispulla Kunde gibt (8,11) und ebenso dem Schwiegergroßvater Fabatus (8,10). Als dieser 112 stirbt, ist C. mit ihrem Gatten, dem Statthalter von Bithynien, weit entfernt; dieser läßt ihr einen offiziellen Transport-Ausweis ausstellen (den er eigens vor dem Kaiser rechtfertigt und von diesem bestätigt bekommt, 10,120/121), so daß sie ihre Tante schneller und sicherer erreichen und um so eher trösten kann.

Quelle: Plinius d. J., Briefe.

Literatur: Hesberg-Tonn, 101–103.

Calvia Crispinilla

Im düsteren Panorama der neronischen und postneronischen Hofhaltungen ist C. C. nicht gerade ein Lichtblick, doch zeigt ihr Schicksal, wie eine Frau unangefochten ein halbes Dutzend Kaiser erfolgreich zu überleben vermochte. Sie war vielleicht eine Tochter von Freigelassenen, zunächst eine Gespielin Neros, der Tacitus den Ehrentitel «Lehrerin seiner Lüste», *magistra libidinum,* zuspricht. Auf seiner Reise nach Griechenland begleitete sie ihn und bereicherte sich dabei nach Kräften. Nach des Kaisers Ende ging sie zu Clodius Macer nach Afrika, um ihn zum Aufstand zu bewegen. Da sie die Transportschiffe zurückzuhalten suchte, drohte in Rom Hunger einzusetzen. Unter Galba wurde Macer hingerichtet, unter Otho wünschte das Volk auch ihren Tod, wozu der Kaiser sich aber nicht entschließen konnte. Sie überlebte nicht nur ihn und Vitellius, sondern stand auch noch unter den flavischen Kaisern in ganz Rom in hohem Ansehen. Sie ehelichte einen ehemaligen Konsul, war einflußreich durch ein enormes Vermögen und dadurch, daß sie kinderlos war, was dazumal bei Schmeichlern Hoffnungen auf Zuwendungen aus dem Erbe erweckte und sehr zur Beliebtheit beitrug.

Quelle: Tacitus, Historien 1,73.

Candidia

Eine von dem römischen Dichter Horaz heftig attackierte Giftmischerin, die laut dem antiken Kommentar des Porphyrio in Wirklichkeit Gratidia hieß und aus Neapel stammte. Ihr werden Schadenzauber aller Art vorgeworfen, sie wird aber auch lächerlich gemacht, oft in Gemeinschaft mit ihrer Gehilfin Sagana. Die häufige Erwähnung deutet auf einen realen Kern.

Quellen: Horaz, Satiren 1,8; Epoden 5 und 17.

Carfania

Gattin des 48 v. Chr. verstorbenen Senators Licinius Bucco. C. trat mehrfach öffentlich in Gerichtsverhandlungen auf. Das hatte den Erlaß eines (nach ihrem Namen benannten) Edikts zur Folge, in dem diese Möglichkeit für Frauen eingeschränkt wurde. Ihr Name ist bei Valerius Maximus als Afrania überliefert.

Quellen: Valerius Maximus 8,3,2; Ulpian, Digesten 3,1,5.

Cartimandua

Carataeus suchte nach der Niederlage der Siluren in Britannien im Jahre 51 n. Chr. Schutz bei der Brigantenkönigin C. Sie lieferte ihn jedoch den Römern für den Triumph des Claudius Caesar aus, was ihr deren Freundschaft und eine beträchtliche Erweiterung ihres Gebietes einbrachte. Als sie sich von ihrem Gatten Venutius abwandte und seinen Waffenträger Vellocatus zum Manne nahm, mußte sie sich gegen die Anhänger des Venutius wehren, die sich der Herrschaft einer Frau nicht beugen wollten. Mit Hilfe der Römer behielt C. die Oberhand. 69 erhob sich Venutius und mit ihm nahezu der ganze Stamm der Briganten erneut, und abermals schritten die Römer ein; diesmal erhielt Venutius den Thron, doch C. wurde geschützt.

Quellen: Tacitus, Annalen 12,36–40; Historien 3,45.

Chariklea

Zentralfigur des spätantiken, wohl aus den dreißiger Jahren des dritten nachchristlichen Jahrhunderts stammenden griechischen Romans, dessen Autor Heliodor von Emesa ist und welcher als *Aethiopika* bezeichnet wird. Das äthiopische Königskind Ch. ist von seiner Mutter → Persinna weiß geboren und dann verborgen worden. Ch. irrt unter vielerlei Fährnissen durch die

Welt, bis sie und der sie liebende Theagenes endlich in Äthiopien ihre Eltern wiederfinden können, so daß nun die Hochzeitsfeier angesagt ist. Der kunstvoll angelegte Roman fand bereits in Byzanz begeisterte Benutzer; in der Renaissance und danach sind in verschiedenen Texten und Abbildungen Ch.s Spuren zu beobachten bis hin zu Verdis «Aida».

Quelle: B. Kytzler (Hg.), Im Reiche des Eros, Bd. 1. München 1983, 224–512.

Chiomara

Gattin des Tektosagenkönigs Orgiagon (auch: Ortiagon). Sie geriet 189 v. Chr. in römische Gefangenschaft. In Ankyra (Ankara) von einem Centurio bewacht, wehrte sie, eine außerordentlich schöne Frau, seine Werbungen ab. Auch als er ihr Gewalt antat, blieb ihr Widerstand ungebrochen: Zum Schein ging sie auf sein Angebot ein, sie gegen Geld zu den Ihren entkommen zu lassen. Bei der Übergabe befahl sie in ihrer eigenen Sprache ihren Leuten, dem Vergewaltiger den Kopf abzuschlagen. Diesen verbarg sie selbst in ihrem Gewand und warf ihn beim Wiedertreffen ihrem Mann vor die Füße. «Wie die Tradition berichtet, hat sie bis zu ihrem Ende in ihrer sittlichen Reinheit und Würde den Ruhm dieser weiblichen Großtat bewahrt.» (Livius) Der Historiker Polybios hat sich zu einem späteren Zeitpunkt noch in Sardes mit ihr unterhalten können.

Quellen: Livius 38, 24; Plutarch, Moralia 258 D/E; Polybios 21, 38.

Chloë I.

Ein junges Mädchen zu Rom, an das Horaz unter diesem griechischen Namen («Die Grüne», «Die Unerfahrene») eine Ode richtet (1,23). Der Vergleich mit einem jungen Reh geht bereits bis auf Anakreon zurück; die Gespanntheit der an der Schwelle ihrer Reife Stehenden wird durch eine Folge von Furcht andeutenden Wörtern im Naturbild beschworen, bis in den beiden letzten Zeilen 11/12 die offene Aussage den Vergleich eindeutig aufdeckt: «Laß endlich ab, der Mutter zu folgen – Du bist reif für den Mann!» So wenig der Wirklichkeitsgehalt aus dem Poem realistisch erschlossen werden kann – nicht einmal der wahre Name der Schönen ist bekannt –, so sehr gibt das Augenblicksbild des Horaz eine immer wiederkehrende weibliche Wirklichkeit wieder, die überindividuell wirkt und in dieser poetischen Verdichtung wahrgenommen zu werden verdient. Der Name erscheint noch ein weiteres Mal an gewichtiger Stelle. Horaz stellt sich als ausgedienten Krieger der Venus dar (3,26), der ruhig von seinem Liebesleben Abschied nimmt; aber, abermals in den Schlußversen 11/12 bittet er die Göttin: «Einmal noch triff Chloë, die Stolze!» So entspricht der ersten Liebeserfahrung der jungen Ch. nun am Ende der Odensammlung der letzte Liebeswunsch des alternden Dichters, der abermals der – einer? – Ch. gilt.

Chloë II.

Zentralfigur des spätantiken Hirtenromans «Daphnis und Chloë» von Longos. Die bukolische Erzählung in vier Büchern schildert das Erwachen der Liebe zwischen zwei benachbarten Hirtenkindern, eingebettet in den Rahmen der ländlichen Natur und den Reigen der Jahreszeiten. Zwar treten dem idyllischen Landbild störende Kräfte aus der Stadt entgegen, doch stärker als alle Widerstände sind die Treue und Zuneigung der beiden jungen Liebenden, die zum ersten Male die Kraft des Eros erfahren und zunächst noch gar nicht recht wissen, was sie erleben. Ein *lieto fine* enthüllt, daß sie beide aus noblen Häusern abstammen und als Mitglieder der guten Gesellschaft nun in besten Kreisen vereint leben können – erfüllt freilich von der Sehnsucht nach der friedlichen Atmosphäre des Landlebens, die ihnen zeitlebens innerlich vor Augen steht und reales Refugium bleibt.

Quelle: B. Kytzler (Hg.), Im Reiche des Eros. München 1983, 23–99.

Literatur: F. I. Zeitlin, The Poetics of Eros: Nature, Art, and Imitation in Longus' Daphnis and Chloe, in: Halperin, 417–464.

Claudia I.

Tochter des Appius Claudius Caecus, Konsul 307 v.Chr. Als Claudierin fühlte sie sich den führenden Kreisen Roms zugehörig und darum, als sie sich bei der Heimkehr von den Festspielen durch das Gedränge der Menge inkommodiert sah, zu der Bemerkung veranlaßt, ihr Bruder Publius Claudius Pulcher möge von den Toten wieder auferstehen und abermals eine ganze

Flotte (wie bei Drepana = Trapani 249 v. Chr.) verlieren, so daß weniger Pöbel in Rom weniger Belästigung verursache. Die plebejischen Aedilen verurteilten sie aufgrund dieser Äußerung zu einer Geldstrafe.

Quellen: Valerius Maximus 9,1; Gellius 10,6; Sueton, Leben des Tiberius 2.

Claudia II.

Im späten 15. Jh. fand man in Trastevere zu Rom eine – inzwischen verloren gegangene – Grabinschrift. Sie gilt einer sonst unbekannten C. wohl vom letzten Drittel des 2. Jh. v. Chr. In ihr sind die Werte aufgelistet, die das damalige Römervolk bei einer Matrone zu sehen wünschte: Schönheit, Gattenliebe, Kinder, Konversation, Grazie, Häuslichkeit, nützlicher Fleiß. Der Text lautet so:

«Fremdling, was ich dir sage, ist nur kurz, drum steh und lies:

Hier ist das wenig schöne Grab von einer schönen Frau.

Als Namen nannten ihre Eltern Claudia.

Den eigenen Gatten hat von ganzem Herzen sie geliebt.

Zwei Kinder brachte sie zur Welt. Von diesen hat das eine sie

Auf Erden hinterlassen, das andre unterm Rasen beigesetzt.

Leicht war die Rede ihr, der Gang grazil.

Das Haus hat sie gepflegt, hat Wolle hergestellt. Das wars. Nun geh!»

Quellen: Corpus Inscriptionum Latinarum VI, 15346; Buecheler, Carmina Epigraphica Nr. 52.

Claudia III.

Tochter des Konsuls von 143 v. Chr., Appius Claudius Pulcher. Dieser strebte nach der Ehre eines Triumphes, begann Krieg mit einem Bergvolk, den Salassiern in der Gegend des Aostatales, und erlitt eine empfindliche Niederlage. Als er in einer zweiten Schlacht einigen Erfolg hatte, verweigerte ihm der Senat den Triumph; seine Verluste waren größer als die der Feinde. Der Konsul bereitete seinen Triumphzug nun auf eigene Kosten vor; die Volkstribunen machten Miene, ihn mit Gewalt aufzuhalten. Da stellte sich seine Tochter C., die Vestalin und also sakrosankt war, vor ihn auf den Triumphwagen, so daß er nun ungehindert passieren konnte – ein Beispiel der vielgerühmten römischen *pietas* gegenüber den Eltern, auch ein Beispiel aristokratischer Willkür im Staatswesen.

Quelle: Valerius Maximus 5, 4, 6.

Claudia IV.

Als Octavianus Caesar 43 v. Chr. mit Antonius und Lepidus das Zweite Triumvirat geschlossen hatte, forderten die Soldaten, er solle die – durch Heirat ihrer Mutter → Fulvia mit Antonius zu dessen Stieftochter gewordene – C. heiraten. Octavian willigte ein, obschon das Kind, wie Sueton sagt, *vixdum nubilem*, kaum resp. gerade eben erst heiratsfähig geworden war, also ca. 12 Jahre zählte. Als nach zwei Jahren Octavian und

→ Fulvia sich entzweiten, löste er die Ehe und leistete einen Eid, er habe die Jungfräulichkeit der C. nicht angetastet. Die Gründe für diesen Verzicht sind nicht überliefert und auch aufgrund der Quellenlage nicht erschließbar.

Quellen: Plutarch, Leben des Antonius; Sueton, Leben des Augustus.

Literatur: Salza, 186–190.

Claudia V.

Gattin des römischen Dichters Publius Papinius Statius (unter Domitian bis ca. 96 n. Chr.). Ein ihr gewidmetes Gedicht will sie dazu bewegen, aus Rom fort in die Heimatstadt ihres Mannes, nach Neapel, zu ziehen. Dabei erfährt der Leser, daß sie aus erster Ehe eine Tochter besitzt, deren Verehelichung, die ihr sehr am Herzen liegt, eher in Rom zu erwarten ist als in der Provinz. Der Dichter erinnert sie an die gemeinsamen Jahre, in denen sie ihm in guten und schlechten Tagen Gefährtin und Stütze war. Das Gedicht zeugt von einem zärtlichen Zusammensein zweier reifer Menschen, ohne doch besondere individuelle Züge der C. zu zeigen.

Quelle: Statius, Silvae 3, 5.

Claudia Acte

C. A. war Kaiser Neros erste Liebe und seine letzte Getreue. Die kleinasiatische Freigelassene wurde von Nero heftig begehrt, als er sich der → Octavia entzog. Die Hofmeister, Seneca und Burrus, nutzten sie, um → Agrippinas III. Einfluß zu brechen. Nero, der das vom

Stande her unangemessene Verhältnis verbergen mußte, ließ durch Forscher ihre Abstammung vom Königsthrone der Attaliden feststellen. Er war nahe daran, sie zu ehelichen. Sie war es, die durch ihr Dazwischentreten die Blutschande Neros mit → Agrippina verhindert haben soll; sie war es auch, die seinen Leichnam bestatten half, obschon sie längere Zeit durch → Poppaea Sabina zurückgedrängt worden war. Inschriften, Wasserleitungsröhren und Ziegelsteine bestätigen ihren ausgedehnten Landbesitz in Unteritalien. Unter ihren Freigelassenen befanden sich auch Christen; daß sie es auch selbst war, ist unwahrscheinlich.

Quellen: Tacitus, Annalen; Sueton, Leben des Nero; Inschriften.

Claudia Quinta

Während des Zweiten Punischen Krieges geboten die → sibyllinischen Bücher den Römern 204 v. Chr., den Kultstein der Magna Mater aus Pessinus in Kleinasien nach Rom zu holen, um sich durch den Schutz dieser Göttin den Sieg zu sichern. Als das Schiff, das die Gottheit heranführte, im Niedrigwasser des Tiber steckenblieb, trat C. Q. hervor, deren Sittsamkeit in Frage gestellt worden war. Sie vermochte allein mit ihrer Hand (später: mit ihrem Gürtel resp. Haar) das Schiff fortzuziehen und so vor aller Augen den Beweis ihrer Unschuld zu liefern.

Quellen: Ovid, Fasti 4, 255ff.; Livius, Römische Geschichte 29, 10,4–8 und 14,5–14.

Clodia

C. erscheint der Nachwelt in gegensätzlichem Licht: Catull hat ihr innige Liebeslieder gewidmet, Cicero heiße Haßtiraden. Sie wurde zwischen 94 und 91 geboren, heiratete Quintus Metellus Celer, der 59 starb, was ihr den Ruf der Giftmischerin eintrug. 61–58 war sie Catulls Geliebte, der sie unter dem Namen → Lesbia feierte und durch die Erfahrungen mit der etwa sechs Jahre älteren Frau erst eigentlich zum bedeutenden Dichter wurde. Nach ihrer endgültigen Trennung hatte sie mit dem zwölf Jahre jüngeren Marcus Caelius Rufus ein Verhältnis, das dieser nach zwei Jahren brach. Aus Rache bewirkte C., daß ihm ein Prozeß angehängt wurde, in dem ihn u. a. auch Cicero verteidigte. Der führte (als Vorwürfe der Gegner) eine lange Liste von «Zügellosigkeiten, Liebschaften, Ehebrüchen, Bäderausflügen, Parties, Gastmählern, Trinkgelagen, Liedern, Musik, Bootspartien» an. Als Spitzname ist *quadrantaria* überliefert («Dreigroschennutte»), auch *Klytemnaistra* nach der mythischen mykenischen Königin, die ihren Mann Agamemnon umbrachte. Inzest mit ihrem Bruder wird C. wiederholt nachgesagt. Sie soll gern und gut getanzt haben; gerühmt wird der Glanz ihrer Augen. Nach dem – für sie verlorenen – Prozeß hören wir von der 38jährigen C. nichts weiter. → Corinna

Quellen: Cicero, Rede für Caelius; Briefe; Catull, Gedichte.

Literatur: Balsdon, 54 f.; Salza, 67 f; Hesberg-Tonn, 71–76. P. Moreau, Clodiana religio. Un procès politique en 61 av. J.-C., Paris 1982.

Cloelia

Rund ein Dutzend antiker Autoren erzählen die Geschichte der C., und nicht eine Fassung gleicht den anderen. Der Kern der Sage ist die Heldentat einer Geisel, die 508 v. Chr. im Lager des Etruskerkönigs Porsenna gefangengehalten wurde, die es aber vermochte, die Wachen zu täuschen und unter den Geschossen der Feinde mit ihren Gefährtinnen den Tiber zu durchschwimmen und heim nach Rom zu gelangen. Zuweilen ist auch von einem Pferd die Rede, auf dem der Fluß durchquert wurde. Porsenna, der ursprünglich die ihm rechtlich zustehende Geisel C. zornig zurückforderte, ließ alsdann bewundernd erklären, sie müsse zwar zurückkehren, aber er werde sie unangetastet und unversehrt heimsenden. Beide Seiten hielten Wort, ja der König erlaubte C. sogar, einen Teil der Geiseln nach ihrer eigenen Wahl mitzunehmen. Sie suchte unter den Knaben die jüngeren aus, die am meisten in der Gefahr standen, sexuell mißbraucht zu werden. Ein Reiterstandbild auf dem höchsten Punkt der Via Sacra wurde als erinnernde Ehrung an C. gedeutet.

Quelle: Livius, Römische Geschichte 2,13.

Corinna

Das poetische Pseudonym, unter dem der römische Dichter Ovid (43 v.Chr. bis ca. 17 n.Chr.) in seinen *Amores,* «Liebesliedern», seine Geliebte besang. Er wählte den Namen einer griechischen Dichterin (→ Korinna). Für den Vorgang vgl. → Cynthia, → Delia, → Lesbia/ Clodia.

Cornelia I.

Die Tochter des älteren Scipio Africanus hat ihrem Gatten zwölf Kinder geboren, unter ihnen die beiden berühmt gewordenen Volkstribunen Tiberius und Gaius Gracchus. Sie wurde 153 v. Chr. Witwe. Der spätere König von Ägypten, Ptolemaios VIII., warb – vergeblich – um sie. Ein Zufall der Überlieferung hat im Rahmen der Reste aus dem Werk des Nepos zwei Briefe von ihr bewahrt. Auch wenn die Echtheit nicht unumstritten geblieben ist, so darf man doch die Authentizität akzeptieren, insbesondere da antike Autoren wie Cicero und Quintilian C.s Briefe rühmend erwähnten. Der einzige Prosatext einer antiken Römerin, den wir kennen, enttäuscht nicht. Gewiß geht die Grammatik gelegentlich Pfade fern der Klassik, ist die Logik mitunter etwas uneben; doch der lebendige Impetus der Rede zeigt eine Persönlichkeit von Format. Man würde gern von ihr mehr als nur diese beiden kurzen Episteln lesen können.

Quelle: Cornelius Nepos.

Literatur: Hesberg-Tonn, 65–70.

Cornelia II.

Tochter eines Cornelius Scipio und seiner Frau → Scribonia, die später zeitweise mit Octavian/Augustus verheiratet war und seine Tochter → Julia III. zur Welt brachte. C.s Gatte Lucius Aemilius Paullus Lepidus hatte drei Kinder von ihr, als sie 16 v. Chr. verstarb. Der Dichter Properz schuf ein Gedicht auf ihren Tod, das als *regina elegiarum*, «Königin der Elegien», gefeiert wird und ein prächtiges Porträt der idealisierten Tugenden einer römischen Matrone jener Zeit darbietet. Die Tote wird selbst als sprechend eingeführt, sie wendet sich an ihren Mann und ihre Kinder; zugleich imaginiert sie ein Totengericht, vor dem sie sich für ihr Leben verantwortet. *Huc non noxia veni* – «Frei von Schuld kam ich her», ist ihre Ausgangsposition; anschließend rühmt sie ihre noble Abstammung und ihre keusche Lebensführung, die sie neben so berühmte Vorbilder wie → Claudia Quinta stellt. Die Trauer der ganzen Stadt, einschließlich des Kaisers, unterstreicht ihre Lebensmaxime (Übers. Lenz):

«Das ist der herrlichste Lohn, das ist der Triumph eines Weibes,

Wird, die den Dienst vollbracht, laut von der Menge gerühmt.»

C. weiß sich (in den letzten Versen des Properz) der Aufnahme im Elysium würdig. Die ihr gewidmete Elegie zeigt weniger detailliert, aber in höherer Abstraktion und mit stärkerer poetischer Kraft als die Klage um → Thuria, wie die Erwartungshaltung der Gesellschaft gegenüber den führenden Frauen Roms beschaffen war.

Quelle: Properz, Elegien 4,11.

Literatur: Emil Gaar, Die Komposition der *Regina Elegiarum,* in: Werner Eisenhut (Hg.), Antike Lyrik. Darmstadt 1970, 359–374.

Cornelia III.

Julius Caesar ehelichte 84 v. Chr. die 16jährige C.,

die Tochter des Konsuls Cinna, die ihm die Tochter → Julia II. gebar. Als Sulla diktatorisch in Rom herrschte und Caesars Trennung von der Tochter seines Feindes forderte, weigerte sich dieser entschlossen. Bereits 68 starb C.; Caesar hielt ihr – für eine so junge Frau ungewöhnlich – eine öffentliche Leichenrede, was vom Volk als Zeichen seiner Anhänglichkeit und Liebe ausgelegt wurde und ihm so politisch zugute kam. → Pompeia.

Quellen: Sueton, Leben des Caesar; Plutarch, Leben des Caesar.

Literatur: Salza, 55–64.

Cornelia IV.

Vorsteherin der Vestalinnen, wurde von Kaiser Domitian als Oberpriester, *pontifex maximus,* im Jahre 91 n. Chr. wegen Unzucht feierlich verurteilt und lebend eingemauert, nachdem in einem voraufgegangenen ersten Prozeß zwar drei oder vier Vestalinnen verurteilt worden waren (denen man als Zeichen der Milde die Möglichkeit zum Selbstmord gab), sie selbst aber freigesprochen werden mußte. Auch hernach beteuerte sie bis zu ihrem Ende ihre Unschuld und fand allgemein Glauben; in ihrer Haltung bewies sie bis zuletzt höchsten Anstand.

Quellen: Plinius d. J., Brief 4,11; Sueton, Leben des Domitian 8,4.

Cossutia

C. entstammte einer Familie aus dem Ritterstande, die

freilich recht reich war. So hatte der Vater Julius Caesars seinen noch nicht 16jährigen Sohn mit ihr verlobt. Als der Vater starb, löste der junge Mann das Verlöbnis auf und heiratete → Cornelia III.

Quelle: Sueton, Leben des Caesar.

Cynthia

Poetischer Name der Geliebten, die der römische Dichter Properz in seinen Elegien besingt, gebildet nach dem Beinamen des Gottes Apollon ‹Kynthios›, hergeleitet von seiner Geburt auf dem Berge Kynthos. Die Gestalt der Frau ist so auf den Musengott bezogen und wirkt als die Quelle der Inspiration für den Dichter, der sein Buch mit ihrem Namen eröffnet und es damit auch *Cynthia* betitelt. → Corinna.

Quelle: Properz, Elegien.

Damo → Demo

Delia

Der poetische Name der Plania, unter dem sie vom römischen Elegien-Dichter Albius Tibullus besungen wurde. Aus den Gedichten einen Liebesroman herauslesen zu wollen geht am Wesen dieser Poeme vorbei. So wird man sich mit einem Namen begnügen müssen – wie seine Trägerin sich damit begnügen mußte, ihren Ehrenplatz nicht nur mit der Rivalin Nemesis, sondern auch mit einem schönen Jüngling namens Marathus zu teilen. → Corinna

Quelle: Tibull, Gedichte.

Demo

Dichterin, die, ähnlich wie → Kaiserin Sabina mit → Julia Balbilla und auch → Caecilia Trebulla, den Memnonskoloß in Ägypten – vielleicht auch im 2. Jh. n. Chr. – besuchte und bedichtete. Ihr Grafitto in zwei Distichen ist äolisch getönt, verwendet homerische Wendungen und betont nachhaltig ihr eigenes Dichtertum; sie nennt sich selbst «liederfreudig».

Quelle: Bernand 83.

Literatur: Homeyer, 110; West, 101–105.

Diotima

Im *Symposion* («Gastmahl») führt Platon die Gestalt der D. ein: Sie ist Priesterin in Mantineia und hat den der Runde von ihr erzählenden Sokrates zur Erkenntnis des wahren Eros und zur Schau der Ideen geführt. Die Angaben späterer Autoren über D., sie sei Pythagoreerin gewesen oder Priesterin des Zeus Lykaios, sind nur Kombinationen ohne Fundierung. Platon läßt sie die wohl schönste und tiefste Stelle seiner Werke sprechen. Ob sich dahinter ein realer Kern verbirgt, ist nicht erkennbar. Hölderlin hat die Gestalt erneut nach Platons Vorbild beschworen.

Quelle: Platon, Gastmahl 201d ff.

Literatur: D.M. Halperin, Why is Diotima a Woman? Platonic Eros and the Figuration of Gender, in: Halperin, 257–308.

Domitia Longina

Von ihrer Geburt ist zwar der Tag bekannt: 11. Februar,

jedoch nicht das Jahr, das zwischen 50 und 55 n. Chr. liegen mag. Ihr Vater Corbulo, der bedeutendste Feldherr seiner Zeit, kam 67 durch Nero zu Tode; ihr Gatte Lucius Aelius Plautus Lamia Aemilianus verlor sie rasch an Domitian, dessen Geliebte und hernach Gattin sie wurde. Ein Sohn, 73 geboren, starb jung und wurde vergöttlicht. D. L. wurde *Augusta*, der Dichter Statius (→ Claudia V.) nannte sie die «Römische Juno». Andererseits beschuldigte man sie des Ehebruches mit Titus und überführte sie mit dem Pantomimen Paris. Diesen ließ Domitian töten, sie selbst mußte in die Verbannung, wurde aber bald zurückgerufen (82–84). Sie nahm schließlich an der Verschwörung teil, die am 18. September 96 zum Tode des Dominus Deus Domitianus, des «Gottes und Herren Domitian», führte. Sie selbst blieb noch über 40 Jahre am Leben; neben anderen haben sich zahlreiche Stücke aus ihren Ziegelfabriken erhalten.

Quellen: Sueton, Leben des Domitian; Inschriften; Münzen.

Doricha → Rhodopis

Dynamis

Königin des bosporanischen Pontos zur Zeit des Augustus; Tochter des Pharnakes, dessen Mörder Asander sie ehelichte. Beim Aufstand eines Scribonius tötete er sich, und D. heiratete nun den Scribonius. Diesen besiegte König Polemon I. Eusebes, der nunmehr beide pontische Reiche beherrschte und auch seinerseits D.

Dynamis, Ermitage, St. Petersburg

heiratete, nachdem Scribonius von seinen eigenen Leuten umgebracht worden war. Drei Ehen, drei Herrscher, ein Reich – D. hat inschriftlich dem Augustus und der → Livia als ihren Wohltätern gedankt. Eine Büste befindet sich in der Ermitage in St. Petersburg.

Quellen: Dio Cassius, Geschichte 54; Münzen; Inschriften.

Eirene

Tochter des Malers Kratinos und Schülerin ihres Vaters. In Eulesis befand sich ihr Bild eines Mädchens. → Timarete.

Quelle: Plinius, Naturgeschichte 35,147.

Elephantis

Gelegentlich auch Elephantine genannt, wird E. als Autorin von wunderlichen medizinischen Traktaten (→ Lais) über Empfängnis und Empfängnisverhütung sowie über kosmetische Haarpflege genannt. Berühmter ist E. aber als Verfasserin eines – verlorenen – Werkes mit Ratschlägen über die Stellungen beim Liebesakt, ähnlich dem der → Philainis, jedoch bereichert durch Illustrationen. Kaiser Tiberius soll sich des Buches bei der Ausstattung seiner Schlafzimmer bedient haben. Die Verwendung der Bebilderung beschreibt ein priapeisches Gedicht so (Übers. C. Fischer):

Obszöne Bilder aus der Elephantis Buch
bringt Lalage dem Gott mit steifem Phallos dar
und bittet ihn um einen gütigen Versuch,
denn was die Bilder zeigen, kann sie wunderbar.

Quellen: Plinius d. Ä., Naturgeschichte 28,81; Sueton, Leben des Tiberius 43; Martial, Epigramme 12,43,4; Carmina Priapea 4.

Elpinike

Tochter des Miltiades und Stiefschwester des Kimon. Mit diesem wurde ihr Inzest nachgesagt, mit dem Maler Polygnot ein Liebesverhältnis, der, wie es heißt, bei der Ausmalung der Stoa Poikile der Laodike ihre Züge gegeben haben soll. Sie heiratete den reichen Kallias; ihrem Einfluß auf Perikles wurde 463 v. Chr. der Freispruch des Kimon und 457 das Ende seiner Verbannung zugeschrieben.

Quellen: Plutarch, Leben des Kimon und Leben des Perikles; Nepos, Leben des Kimon.

Epicharis

Eine Freigelassene, die 65 n. Chr. an der pisonischen Verschwörung gegen Nero aktiv Anteil nahm. Sie versuchte den Flottenkommandanten Volusius Proculus anzuwerben, der schon bei der Ermordung → Agrippinas III. beteiligt gewesen, aber seiner Meinung nach nicht angemessen belohnt worden war. Sie war jedoch klug genug, ihm keine Namen zu nennen, so daß, als er sie verriet, sie ihn beim Verhör leicht zurückweisen konnte, da er nichts Handfestes und keinerlei Beweise vorzubringen vermochte. Nichtsdestotrotz blieb sie in Haft und wurde, als die Verschwörung kurz vor der Verwirklichung ihres Zieles an Nero verraten wurde, gefoltert, um nun Namen aus ihr herauszupressen. Sie hielt jedoch unerschütterlich stand. Als man sie am folgenden Tage zur Fortsetzung der Folter heranführte – sie konnte nicht mehr gehen und mußte in einer Art Sessel getragen werden –, löste sie ihr Busenband, befestigte es als Schlinge am Sessel und nahm sich so das Leben. Tacitus betont, sie sei «ja nur eine Frau gewesen und Freigelassene dazu», habe aber dennoch die ihr unbekannten und unverbundenen Verschwörer geschützt, während andererseits Männer, und zwar solche von hohem Rang, noch vor der Folter ihre nächsten Verwandten preisgegeben hätten.

Quelle: Tacitus, Annalen 15, 51 und 57.

Erinna

Griechische Dichterin um die Mitte des 4. Jh. v. Chr. Sie lebte nur 19 Jahre. Nicht mehr als drei Epigramme sind in der griechischen Anthologie erhalten (6,352; 7,710. 712), deren erstes als das früheste uns überlieferte rein beschreibende Epigramm auf ein Kunstwerk seinen eigenen Wert besitzt. Den hohen Rang der Dichterin selbst betonen zahlreiche Epigramme der griechischen Anthologie (7,11–13.713; 9,190; 11,322). Zwei ihrer Gedichte beklagen den Tod ihrer Freundin Baukis, eines rühmt ein Mädchenbild des Malers Prometheus: ein Bild, dem allein noch die Stimme fehlt, um ganz lebendig zu erscheinen. Ein 1928 gefundenes Papyrusfragment von 54 ziemlich zerstörten hexametrischen Verszeilen wird ihr mit guten Gründen gleichfalls zugeschrieben. Es wird als ihre «Spindel» angesehen, in der sie offenbar die in den Epigrammen erhobene Klage um die Freundin in anderer Form (Epyllion? Epikedion?) fortsetzte. Der Bewunderung der Antike folgte auch die Neuzeit: Möricke hat eines seiner schönsten und empfindsamsten Gedichte als Brief der «Erinna an Sappho» gestaltet, das trotz seines krassen Anachronismus mit der Zartheit und Tiefe reiner Poesie den beiden großen Namen der Vergangenheit gültig gerecht wird (→ Praxilla).

Literatur: G. Luck, Dichterinnen 170–172; U. W. Scholz, Antike und Abendland 18, 1973, 15–40; Snyder, Women, 86–97; M. B. Arthur, Classical World 7, 1980, 53–65.

Fannia

Tochter der → Arria II., zweite Ehefrau des Helvidius Priscus, dem sie zweimal in die Verbannung folgte und um dessentwillen sie selbst eine dritte Verbannung auf sich nehmen mußte. Als Helvidius hingerichtet worden war, erbat sie sich eine Biographie des Toten von Herennius Senecio. Dafür vor Gericht gestellt, sagte sie auf die Frage, ob sie den Auftrag erteilt habe: «Ja!»; ob sie Material bereitgestellt habe: «Ja!»; ob ihre Mutter eingeweiht gewesen sei: «Nein!» Obwohl das Buch amtlich unterdrückt wurde, gelang es ihr, das Manuskript zu retten und «den Anlaß ihrer Verbannung mit in die Verbannung zu nehmen». Von Plinius werden ihre Vorzüge voller Verehrung vorgetragen: Sie zeichnet sich aus durch «Keuschheit, Unantastbarkeit, Würde, Standhaftigkeit»; sie ist «heiter, freundlich, liebenswert, verehrungswürdig».

Quelle: Plinius d. J., Briefe.

Faustina I.

Annia Galeria Faustina (maior), Mutter der → Faustina II. von ihrem Gatten, Kaiser Antoninus Pius, geboren 105 n. Chr., ab 138 als Kaiserin mit dem Titel *Augusta*, gestorben Anfang 141; Tante des späteren Kaisers Marcus Aurelius. Zu ihrer Erinnerung wurden ein Tempel eingerichtet, Priesterinnen eingesetzt und eine Einrichtung für die Alimentierung junger Mädchen *(puellae alimentariae Faustinianae)* geschaffen.

Quellen: Historia Augusta, Leben des Pius und des Marcus; Fronto, Briefe; Inschriften; Münzen.

Faustina II.

Tochter der → Faustina I. und des Kaisers Antoninus Pius, ab 145 Gattin des späteren Kaisers Marc Aurel, Mutter von mindestens dreizehn Kindern. F. begleitete ihren Gatten regelmäßig auf Reisen und Feldzügen, wurde 174 nach dem Sieg über die Quaden mit dem Titel *mater castrorum*, «Mutter des Heeres», geehrt. F. starb 177 im Dorfe Halala am Taurus in Kappadokien, das nun als Kolonie Faustinopolis genannt wurde. Sie wurde ähnlich wie Faustina I. geehrt. Ein Zeugnis belegt ihre Freude über die erfolgreiche Heilung ihres Kindes, des nachmaligen Kaisers Commodus, durch Galen.

Quellen: Mark Aurel, Selbstbetrachtungen; Historia

Faustina I., Dresden

Faustina II., Museo Nazionale, Rom

Augusta, Leben des Mark Aurel; Fronto, Briefe; Inschriften; Münzen.

Fulvia

In ihren drei Ehen gebar Fulvia fünf Kinder: dem Volkstribun Publius Clodius Pulcher einen Sohn und die Tochter → Claudia IV., Octavian angetraut 43–41 v. Chr.; dem Caius Scribonius Curio, der 49 fiel, einen Sohn, der 31 in der Schlacht von Actium gegen Octavian kämpfte und von ihm exekutiert wurde; dem Triumvirn Marcus Antonius zwei Söhne, den jüngeren Marc Anton, von Octavian 36 für seine Tochter → Julia III. zur Ehe und nach der Schlacht im Jahre 31 zum Tode bestimmt, sowie Julius Antonius, Gatte der Nichte des Augustus Marcella, Konsul 10 v. Chr., als Verschwörer im Zusammenhang mit → Julia III. 2 v. Chr. hingerichtet. F. selbst war an der Seite des Antonius und auch selbständig politisch tätig, vertrat in seiner Abwesenheit seine Interessen in Rom, löste aber auch 40 den perusinischen Krieg gegen Octavian aus: Die Schleuderbleie seiner Soldaten mit ihren derben Inschriften gegen sie sind noch erhalten, ebenso Octavians nicht minder zotige Verse bei Martial (11,20,3–8). Nach dem Sieg Octavians konnte sie unbehelligt zu Antonius nach Athen reisen. Während dieser zu Caesar nach Brindisi fuhr, verstarb sie Mitte 40 in Sikyon. Sie war, hat man von ihr gesagt, die erste Frau eines Herrschers in Rom, die sich als solche gefühlt und benommen hat.

Quellen: Plutarch, Leben des Antonius; Sueton, Leben des Augustus; Cicero, 3. Philippische Rede.

Literatur: Salza, 291–311; Hesberg-Tonn, 77–83; Delia, in: Pomeroy, History, 197–217.

Gallitta

Gattin eines jungen Militärtribunen. Sie wurde im Sommer 107 n. Chr. wegen Ehebruchs mit einem Centurio verurteilt. Während der Ehestörer seinen Posten verlor und verbannt wurde, hatte der Ehemann die übliche Anklage gegen die Ehebrecherin aufgeschoben und sie weiter in seinem Hause behalten. Kaiser Trajan, vor den der Fall kam, verurteilte G. nach dem Julischen Gesetz, das für solche Fälle die Kassierung der halben Mitgift und eines Drittels des Besitzes sowie Verbannung auf eine Insel vorsah. Auch eine Wiederverheiratung war verboten.

Quelle: Plinius d. J., Briefe 6,31,4–6.

Gattin des Ariston

Der spartanische König Ariston hatte schon zweimal geheiratet, besaß aber immer noch keine Kinder. Er übertölpelte einen Freund, so daß dieser ihm seine Frau abtreten mußte. Diese war ursprünglich ein sehr häßliches Kind gewesen, aber von ihrer Amme täglich ins Heiligtum der Helena gebracht und von einer fremden Frau gesegnet worden, so daß sie die schönste Frau Spartas wurde. Als sie dem Ariston tatsächlich seinen Sohn Demaratos gebar, zählte dieser an den Fingern die Monate seit der Heirat nach und stellte öffentlich fest: «Dieser dürfte nicht mein Sohn sein!» Später akzeptierte er ihn aber voll, so daß er auch sein Nachfolger wurde. Sein Feind Kleomenes trachtete ihm nach der Herrschaft, brachte die alte Ablehnung wieder ins Gespräch, bewirkte sogar eine Bestechung der → Pythia → Perialla und so die Absetzung des Demaratos. Dieser wandte sich an seine Mutter und bekam zu hören, in ihrer dritten Ehenacht habe eine dem Ariston gleiche Erscheinung ihr beigewohnt und ihr Kränze umgelegt. Später sei Ariston zu ihr getreten und habe nach den Kränzen gefragt, die nicht er gebracht hätte, sondern die Erscheinung, und die aus dem benachbarten Heroon («Heiligtum») des Heros Astrabakos herstammten. Dieser sei also, falls nicht Ariston, sein Vater, und die kürzere Schwangerschaft ganz natürlich: Er sei ein Siebenmonatskind. Demaratos, der nichts Substantielles vorzuweisen hatte, floh zu Dareios.

Quelle: Herodot, Geschichte 6, 61–70.

Gattin des Euphiletos

Eine junge Athenerin war Ehefrau des Euphiletos geworden und hatte ihm ein Kind geboren; die Gatten waren glücklich miteinander. Als die Mutter der Frau verstarb, sah bei der Beerdigung Eratosthenes die trauernde Tochter. Er verliebte sich in sie und stellte ihr nach, wobei er die Vermittlung der Magd benützte. Kind und Mutter und Magd schliefen im Erdgeschoß, der Hausherr im oberen Stockwerk. So bedurfte es der Beihilfe einer alten Nachbarin, die als Informantin auftrat und dem Euphiletos die Augen öffnete. Dieser nahm erst die Magd ins Gebet und, als sie alles bestätigte, sammelte einige Freunde, überraschte das

Paar in flagranti und tötete den Eratosthenes – ein Recht, das die damals geltende juristische Lage ihm zugestand.In einem Prozeß vermochte er seinen legalen Standpunkt mit Hilfe des Redners Lysias durchzusetzen und kam frei.

Quelle: Lysias, Reden.

Literatur: Birt, 35–42.

Gattin des Intaphrenes

Als Intaphrenes, einer der sieben vornehmen Perser aus der Verschwörung gegen Smerdis und also Freund des Dareios, von diesem samt seinen (männlichen) Angehörigen verhaftet wurde, kam seine Gattin unter Weinen und Klagen wieder und wieder zum Palast. Der König ließ ihr schließlich bestellen, sie dürfe einen aus ihrer Familie retten; sie wählte den Bruder. Darauf ließ der König sie nach dem Grund dieser Entscheidung fragen, da doch die Kinder ihr näher stehen und der Gatte lieber sein müßte als der Bruder. Sie erwiderte: «Wenn Gott will, kann mir noch ein anderer Mann zuteil werden und andere Kinder, aber, da meine Eltern tot sind, nie wieder ein Bruder.» Dareios verfuhr archaisch königlich: Er schenkte ihr den Bruder und dazu ihren ältesten Sohn, alle anderen ließ er umbringen.

Das Erzählmotiv von der Bitte um den Bruder ist auch in orientalischen Berichten zu finden und von Sophokles in seine «Antigone» aufgenommen worden (905–912).

Quelle: Herodot, Geschichte 3, 119.

Gattin des Kandaules

In dreifacher Brechung ist die Geschichte von Gyges und der Gattin des Kandaules auf uns gekommen. Es geht in jedem Falle um die Übernahme der Herrschaft und zugleich der Herrschergattin durch Gyges, d.h. um die Ablösung der Herakliden in Sardes nach 22 Menschenaltern, d. h. nach 505 Jahren, durch die lydische Dynastie der Mermnaden in der 1. Hälfte des 7. Jh. v. Chr. In der einen Fassung besitzt Gyges einen unsichtbar machenden Zauberring; in der anderen hilft ihm eine Haremsdame; in der dritten die Königin selbst. Das geschieht, weil Kandaules (der auch Myrsilos heißt) seinem ihm befreundeten Waffenträger Gyges die Schönheit seiner (in der Überlieferung namenlos bleibenden) Gattin unverhüllt zeigen will. Er versteckt ihn darum im königlichen Schlafgemach, doch sieht die Königin den hernach Hinausschleichenden. Sie durchschaut den Anschlag, bestellt Gyges am anderen Morgen und stellt ihn vor die Wahl, zu sterben oder mit ihrer Hilfe den König zu töten und die Herrschaft samt der Herrscherin zu übernehmen. Sie verbirgt ihn an derselben Stelle wie zuvor; er tötet den schlafenden König und wird sein Nachfolger.

Quellen: Platon, Staat 359/360; Herodot, Geschichte 1,8–13; Nikolaos von Damaskus, Fragment 47;

Drama: Hebbel, Gyges und sein Ring.

Gattin des Peisistratos

Peisistratos, Tyrann von Athen 561/560–528/527 v.

Chr., war zweimal zum Exil gezwungen. Während des ersten von diesen tritt einer seiner Gegner, Megakles, infolge innerer Unstimmigkeiten an ihn heran mit der Frage, ob jener die Herrschaft und die Hand seiner Tochter gewinnen wolle. Der Plan wurde in beiden Teilen verwirklicht. Peisistratos hatte aber schon herangewachsene Söhne und glaubte noch dazu, die Familie der neuen Gattin stehe unter einem Fluch. So wollte er keine Kinder von ihr und verkehrte nicht mit ihr nach Brauch. Seine Gattin hielt das zunächst geheim; dann erfuhr es die Mutter und von dieser der Vater. Der fühlte sich von Peisistratos beleidigt, versöhnte sich mit seinen Widersachern, und Peisistratos mußte erneut für elf Jahre ins Exil ausweichen.

Quelle: Herodot, Geschichte 1, 60–62.

Gorgo

Um 508/507 v. Chr. geboren als Tochter des Königs Kleomenes von Sparta, später Gattin des Leonidas. Als 8–9jähriges Kind war sie zugegen, als Aristagoras ihren Vater zu überreden versuchte, gegen den Großkönig zu ziehen, ihm zunächst zehn Talente anbot und in mehrfacher Steigerung bis zu fünfzig Talenten kam. Da rief G.: «Vater, der Fremde wird dich bestechen, wenn du nicht sofort weggehst!» Kleomenes, froh über diese Warnung, brach das Gespräch ab und schickte Aristagoras fort.

Auch als Erwachsene zeigte G. ihre Klugheit. Demaratos aus Susa wollte den gerade gefaßten Entschluß des

Großkönigs, gegen die Griechen zu ziehen, den Lakedaimoniern mitteilen. Zur Geheimhaltung entfernte er von einer Schreibtafel die Wachsschicht, schrieb die Nachricht auf das Holz und verdeckte sie wieder mit dem Wachs. Die Spartaner wunderten sich über die leere Tafel; G. aber durchschaute das Strategem und zeigte die Nachricht auf.

Quelle: Herodot, Geschichte 5, 51; 7,239.

Gratidia → Canidia

Hedyle

Auffällig an der Person der H., um 300 v. Chr. geboren, ist ihre Familientradition. Sowohl ihre Mutter Moschile als auch ihr Sohn Hedylos waren wie sie selbst poetisch tätig. Um so bedauerlicher ist es, daß von ihrem Kleinepos «Skylla» nur ein einziges Fragment erhalten ist; es spricht von Geschenken, die der verliebte Glaukos der Skylla bringt, ohne jedoch besondere eigene Züge erkennen zu lassen.

Quelle: Athenaios 7, 297A.

Literatur: Homeyer, 96.

Herophile → Sibyllen

Hipparchia

Griechische Philosophin, aus begütertem Hause stammend, (Diogenes Laertios 6,7,96–98), fühlte sich H. von den Worten und dem Wesen des Kynikers Krates so sehr angezogen, daß sie alle reichen Freier abwies und dem Bettelphilosophen folgen wollte. Die Eltern baten diesen, es ihr auszureden, aber er hatte keinen Erfolg. Zuletzt ließ er all seine Hüllen fallen und sagte zu ihr: «Das also ist der Bräutigam, und das, was er zu bieten hat – jetzt entscheide du!» H. schloß sich Krates an und lebte mit ihm als Kynikerin. Zwei Aussprüche werden von ihr berichtet: Dem Atheisten Theodoros sagte sie, alles, was er tue und als recht gelte, gelte auch als recht, wenn sie es tue; wenn er sich selbst schlage, dann könne sie ihn gleichfalls schlagen – ein Sophismus, auf den Theodoros nicht zu antworten wußte. Als er sich dann an ihrem Kleid zu schaffen machte und einen Vers des Euripides (Bakchen 1236) zitierte: «Sie, die Spindel und Webstuhl hinter sich ließ», gab sie zur Antwort: «Gewiß, das habe ich getan, Theodoros! Meinst du, es war falsch, statt meine Zeit dort zu vergeuden, sie hier für meine Bildung zu verwenden?» Die der H. von der Suda zugeschriebenen philosophischen Veröffentlichungen sind offensichtlich Erfindung. → Hypatia.

Quelle: Snyder, 105–108.

Hispala Faecenia

186 v. Chr. befand sich Rom, so berichtet Livius, in großer Gefahr – freilich nicht von außen, sondern von innen. Eine geheime Jugendsekte, die nur noch Mitglieder unter 20 warb, veranstaltete wüste nächtliche Orgien, schreckte auch vor Straftaten, ja Morden nicht zurück, und es war abzusehen, daß ein Staatsstreich zustande kommen könnte. Ein Zufall brachte die Sache ans Licht.

Die Dirne H.F. (eine «gute» Dirne) liebte den jungen Publius Aebutius, den Mutter und Stiefvater um sein Erbe bringen wollten. Seine Mutter kündigte ihm an, sie habe für seine Gesundung gelobt, ihn in die Bacchanalien einweihen zu lassen; er müsse zehn Tage enthaltsam leben, dann werde sie ihn hinführen. Er erklärte diese Enthaltsamkeit seiner Gespielin und wunderte sich über ihren Schrecken und ihre heftige Reaktion. Sie verriet ihm schließlich, noch vor ihrer Freilassung sei sie als ganz junge Sklavin von ihrer damaligen Herrin zu einer solchen Begehung mitgenommen worden; hernach sei sie nie wieder hingegangen, und auch er dürfe auf keinen Fall an diesen Schändlichkeiten teilnehmen. Aebutius folgte ihrem Rat, Mutter und Stiefvater aber warfen ihn auf seine Weigerung hin aus dem Hause. Er kam bei seiner Tante Aebutia auf dem Aventin unter, und auf ihren Rat hin eröffnete er dem Konsul Postumius alles unter vier Augen. Dieser ließ sich zunächst von seiner Schwiegermutter → Sulpicia III. über die Vertrauenswürdigkeit der Aebutia informieren, dann H. F. bestellen, die in Anwesenheit einer so vornehmen Dame und gar des Konsuls selbst einer Ohnmacht nahe war. Aus Angst vor den Göttern, die sie verraten sollte, mehr noch vor den Menschen, die sie als Verräterin mit ihren eigenen Händen zerreißen würden, bat sie um eine neue Identität außerhalb Italiens, um in Ruhe leben zu können. Der Konsul versicherte ihr, er selbst werde für sie Sorge tragen, daß sie auch in Rom unbelästigt leben könne. Daraufhin gab H. F. einen ausführlichen Bericht, wie aus dem ursprünglich harmlosen Frauenkult eine gefährliche Geheimgesellschaft geworden war. Inzwischen stehe eine gewaltige Menge («beinahe ein zweites Volk») unter dem Einfluß der Sekte, die in den letzten beiden Jahren keinen über 20 aufgenommen habe: «Man wolle derer habhaft werden, die in ihrem jugendlichen Alter für Aberglauben und Unzucht zugänglich seien.»

Nach dem Bericht brachte der Konsul die Informantin bei Sulpicia in Sicherheit, Aebutius bei einem Klienten. Er veranlaßte nun den Senat unverzüglich, am 7. Oktober 186, zu härtesten Maßnahmen, da über 7000 Betroffene zu kontrollieren waren. Es gab Selbstmorde und Fluchtversuche; wer kriminell schuldig geworden war, wurde hingerichtet, die Männer vom Staat, die Frauen von ihren eigenen Familien. Die Bacchus-Heiligtümer wurden in ganz Italien zerstört, die beiden Informanten hoch belobt und reich belohnt.

Ein Inschriftenfund aus Tiriolo in Kalabrien hat die damals angeordneten Maßnahmen im Original erhalten. Die Metalltafel, 1640 aufgefunden, jetzt im Museum in Wien, enthält auf 30 Zeilen mit je etwa 50–60 Buchstaben und je etwa einem Dutzend Trennzeichen die Verbote und Gebote, die, 186 angeordnet, freilich 184 und 181 erneut eingeschärft werden mußten. Die Informantengeschichte allerdings ist historisch außerordentlich geringwertig.

Quellen: Livius, Römische Geschichte 39,8–19; Corpus Inscriptionum Latinarum I^2, Berlin 1917, Nr. 581 (S. 437).

Literatur: Balsdon, 37–43; J. Pailler, Bacchanalia. Rom 1988.

Hispulla

Calpurnia Hispulla, Tante der → Calpurnia II., der dritten Gattin Plinius d. J., von dem zwei an sie gerichtete Briefe erhalten sind (4,19; 8,11), ergänzt durch mehrfache, nicht namentliche Erwähnungen (4,17; 5,14,8; 10,120 und 121). Sie hat sich, wie Plinius rühmt, um die Erziehung der → Calpurnia II. gekümmert und auch seine eigene beeinflußt. Ihr teilt er auch Calpurnias Fehlgeburt mit. Beim Tode ihres Vaters 112 n. Chr. wird sie von Calpurnia getröstet, die für die Beschleunigung der Anreise einen offiziellen Passierschein erhielt.

Quelle: Plinius d. J., Briefe.

Literatur: Hesberg-Tonn, 101–103.

Horatia

Als in der Mitte des 7. Jh. v. Chr. Rom und Alba gegeneinander kämpften, wurde beschlossen, statt einer allgemeinen Schlacht zwei Drillingspaare gegeneinander antreten zu lassen, die Curiatier für Alba, die Horatier für Rom. Als bereits zwei der Horatier gefallen waren, gelang es dem dritten und letzten doch noch, die drei Gegner zu töten und den Sieg für Rom zu erringen. Beladen mit den erbeuteten Waffen seiner Gegner kehrte er heim. Beim Empfang begegnete ihm seine Schwester H., die mit einem der Curiatier verlobt gewesen war und jetzt den von ihr selbst für ihn verfertigten Kriegsmantel in der Beute des Bruders bemerkte. Sie begann, den Toten zu beklagen; ihr Bruder erschlug sie daraufhin mit den Worten, keine Römerin dürfe einen Feind

Roms beweinen. Er kam als Mörder vor Gericht, wurde aber auf Bitte des Vaters und des Volkes freigesprochen, mußte jedoch feierlich entsühnt werden.

Quelle: Livius, Römische Geschichte 1,26.

Hortensia

Tochter des Hortensius, des rednerischen Rivalen Ciceros. Sie ist die einzige uns bekannte römische Rednerin und kann so auch als Beispiel sei es für die Talentvererbung, sei es für die Bildung im elterlichen Hause gelten. H. trat 42 v. Chr. an der Spitze der reichen Frauen Roms gegen eine von den Triumvirn beabsichtigte Sondersteuer für diese Gruppe auf, hielt öffentlich eine glänzende Rede (der bei Appian überlieferte Text ist erfunden) und erreichte entscheidende Verbesserungen, insbesondere auch die Besteuerung der Männer.

Quellen: Appian, Bürgerkrieg 4, 136–146; Quintilian 1,1,6.

Literatur: Hesberg-Tonn, 84–91.

Hypatia

Griechische Philosophin und Naturwissenschaftlerin 370–415 n. Chr. Als Tochter des Mathematikers Theon, von dem sich Texte erhalten haben, wuchs H. wohl in Alexandria im Musaion auf, wo sie hernach als erste Frau Vorlesungen hielt. Die Briefe ihres Schülers, des Bischofs Synesios von Ptolemais, an sie lassen den tiefen Respekt des Schreibers vor der großen Lehrerin er-

kennen. Im März des Jahres 415 jedoch wurde die Neupythagoreerin H. im Zuge religiöser Wirren von fanatisch verhetztem christlichen Pöbel grausam ums Leben gebracht.
Von H.s Werk haben sich keine Texte erhalten, nur drei Titel zu Fragen der Algebra und Astronomie sind bekannt. Die antiken Berichte über ihr Leben und Sterben in der Suda und bei dem Kirchenhistoriker Sokrates (7,15) sind nicht frei von Widersprüchen und Voreingenommenheiten. Als ihre Fachgebiete werden Geometrie, Mathematik, Astronomie, platonische und aristotelische Philosophie genannt, als Gründe für den Mord vor allem Neid. In einem Epigramm des Palladas (9,400) wird ihr postum gehuldigt:

«Denn nach dem Himmel geht dein Tun, zum Himmel weist
Der Worte Schönheit, göttliche Hypatia,
O du der Geisteswissenschaften reinster Stern.»

Im 19. Jh. genoß ihre Gestalt aufgrund des Romans von Charles Kingsley größere Aufmerksamkeit, auch wenn diese Erzählung eher das (imaginäre) Frauen-(Wunsch-)Bild des vergangenen Jahrhunderts porträtiert als die historische H. Das 20. Jh. brachte 1983 ein amerikanisches Journal für feministische Philosophie hervor, das *Hypatia* betitelt wurde, und Margret Alics Buch über die «Geschichte der Frauen in der Naturwissenschaft von der Antike bis zum 19. Jh.» trägt den Obertitel «Hypatia's Heritage». Ist Sappho die größte Dichterin der Antike, so H. die größte Wissenschaftlerin; freilich ist der Nachruhm der Poetin vom Anfang der Alten Welt im allgemeinen größer als der der Gelehrten von ihrem Ausgang. → Hipparchia; → Leontion; → Theano.

Literatur: Snyder 113–121. J. M. Rist, Hypatia, in: Phoenix 19, 1965, 214–225.

Iaia

Der vermutlich in der Überlieferung verderbte Name (er mag für Laia oder Maia stehen) einer bedeutenden Malerin um 100 v. Chr. Sie malte mit dem Pinsel, aber auch mit dem Brenngriffel auf Elfenbein. Ihre Schnelligkeit war außergewöhnlich, ihre Honorare höher als die der damals angesehensten Künstler. Als Sujets wählte sie vor allem Frauen, so ihr Selbstbildnis vor dem Spiegel und zu Neapel eine Greisin auf einer großen Tafel. → Timarete.

Quelle: Plinius d. Ä., Naturgeschichte 35,148.

Julia I.

Gemahlin des Marius, bekannt geblieben durch die Leichenrede, die Julius Caesar auf sie hielt, von der der – politisch werbewirksame – Passus erhalten ist: «Meiner Tante Julia Geschlecht geht mütterlicherseits auf Könige zurück und ist väterlicherseits mit den unsterblichen Göttern verbunden. Denn die *Marcii Reges* – ihr mütterlicher Name – stammen von Ancus Marcius ab, von Venus aber die Julier, zu welchem Geschlecht unsere Familie zugehört. So besitzt denn unser Geschlecht die Ehrwürdigkeit von Königen, die unter den Menschen am meisten vermögen, und die Ehrenstellung von Göttern, in deren Macht selbst die Könige gegeben sind.»

Quelle: Sueton, Leben des Caesar.

Julia II.

Tochter des Julius Caesar (100–44 v. Chr.) und der → Cornelia III., geboren ca. 76. Nach einer frühen Verlobung mit Servilius Caepio wurde sie 59 von ihrem Vater dem Mit-Triumvirn Pompeius zur Frau gegeben, der doppelt so alt und dreimal verheiratet gewesen war (dem Caepio wurde zur Entschädigung die Tochter des Pompeius versprochen). Die politische Heirat der J. zur Verfestigung des Tribunats resultierte in einer glücklichen, für römische Verhältnisse fast allzu zärtlichen Ehe. Sie starb im Wochenbett 54; die von Caesar versprochenen glänzenden Leichenspiele konnte er erst 46 abhalten lassen.

Quellen: Sueton, Leben des Caesar; Plutarch, Leben des Caesar.

Julia III.

Die Tochter des Kaisers Augustus mit der Scribonia, 39 v. Chr. bis 14 n. Chr., wurde bereits im Jahre 37 mit einem Sohn des Mark Anton verlobt, eine politische Konstellation, die sich bald in nichts auflöste. Sie heiratete 14jährig ihren Vetter Marcus Claudius Marcellus, der nach zweijähriger Ehe starb, und 18jährig den 41jährigen Agrippa, einen der engsten Freunde ihres Vaters, der sich freilich für diese neue Ehe erst von der glücklich mit ihm zusammenlebenden Marcella scheiden lassen mußte. J. gebar ihm fünf Kinder. Unter den Ehrungen, die sie im Jahre 17 bei einer Reise in den Osten des Reiches empfing, war die auf Kos, wo sie als «neue Artemis» begrüßt wurde. Als Agrippa im Jahre 12 verstarb, verheiratete Augustus sie im Jahre 11 an Tiberius; als dieser sich 6 v. Chr. nach Rhodos in eine Art freiwilliges Exil begab, umgab J. sich mit einer Schar von Liebhabern aus den höchsten Kreisen Roms, so daß zum Vorwurf der Ausschweifung der Verdacht politischer Umsturzpläne trat. 2 v. Chr. sandte Augustus ihr im Namen des Tiberius den Ehescheidungsbrief und verbannte sie nach Pandateria (heute Ventotene), einer einsamen Insel bei Neapel. Nach fünf Jahren erst durfte sie aufs Festland bei Reggio übersiedeln, wo sie 14 n. Chr. starb. J. ist auf der Ara Pacis zu Rom als Mitglied der kaiserlichen Familie dargestellt. In seinem Testament hatte Augustus verboten, sie in seinem Mausoleum zu bestatten.

Quellen: Sueton, Leben des Augustus und Leben des Tiberius; Tacitus, Annalen 1; Cassius Dio, Geschichte.

Literatur: Salsa, 200–218.

Julia IV.

Tochter der Julia III., Enkelin des Augustus, 19 v. Chr. bis 28 n. Chr., mit Lucius Aemilius Paulus 4 v. Chr. vermählt; 3 v. Chr. Geburt einer Tochter. Ihr Gatte wurde einer Verschwörung bezichtigt, was zur Verbannung führte. Als J. nach kurzer Zeit nach Rom zurückkehren durfte, führte sie dort ein derart lasterhaftes Leben, daß

Julia III., Berlin

sie 8 n. Chr. nach der Insel Trimerus (heute Tremiti) verbannt wurde. Der Kaiser verbot, das dort von ihr geborene Kind anzuerkennen und aufzuziehen. In den Skandal, der zu ihrer Verbannung führte, scheint auch der Dichter Ovid verwickelt gewesen zu sein, der im selben Jahr ans Schwarze Meer ins Exil gehen mußte, obschon er stets beteuerte, kein *crimen* («Vergehen»), sondern nicht mehr als nur einen *error* («Irrtum») begangen zu haben.

Quellen: Sueton, Leben des Augustus; Tacitus, Annales; Ovid, Briefe aus der Verbannung.

Julia Balbilla

Als im November 130 n. Chr. Kaiser Hadrian und seine Gemahlin → Vibia Sabina Ägypten bereisten, befand sich J. B. in ihrem Gefolge. Sie ist uns bekannt durch vier griechische Epigramme, die sich auf dem linken Schenkel (3) und Fuß (1) der sog. Memnonssäule befinden. Eines rühmt ihre Abstammung von ihrem Urgroßvater Antiochos, der König gewesen war. Der Hauptinhalt ist das Tönen der Memnonssäule: Als der Kaiser zugegen war, ließ der Koloß sich hören (A), ebenso, als die Dichterin mit der Kaiserin kam (B), nachdem der Besuch am Tag zuvor erfolglos gewesen war (C); zuletzt erfolgt eine genaue Datierung (D). → Demo; → Caecilia Trebulla.

Quellen: Kaibel, Epigrammata Graeca 988–992; A. und E. Bernand, Les inscriptions grecques et latines du Colosse de Memnon, Paris 1960, Nr. 28–31.

Literatur: Homeyer, 100–105; West, 101–115.

Julia Domna

Als Legat der Provinz Lyon (185–187 n.Chr.) nahm Septimius Severus eine Syrerin zur (zweiten) Gemahlin, deren Horoskop verhieß, sie werde Gattin eines Herrschers sein: J. D., die Tochter des Sonnenpriesters Bassianus aus Emesa am Orontes. Das Orakel traf 193 ein; als Kaiserin war J. D. nicht nur die Mutter der beiden Kronprinzen Caracalla und Geta, sondern auch Begleiterin des Kaisers auf allen seinen Kriegszügen. Mit dem ehrgeizigen Gardepräfekten Plautianus stand sie in ständigem Konflikt, bis Caracalla ihn 205 töten ließ. Als ihr Gatte 211 in Eboracum (= York) starb, übernahmen beide Brüder die Regierung, was bald zu offener Feindschaft führte. Einer Reichsteilung widersetzte sich J. D.; 212 gelang es Caracalla, bei einem gemeinsamen Gastmahl im Hause der J. D. seinen 22jährigen Bruder überfallen und töten zu lassen, obschon dieser sich zu seiner Mutter flüchtete, die hernach mit seinem Blut bespritzt und selbst an der Haut verwundet war. Sie durfte ihre Trauer nicht zeigen, sondern mußte Freude zur Schau tragen. Andererseits überließ ihr Caracalla während seiner Feldzüge in den Jahren 214–217 jeweils die Führung der Regierung. Und schließlich war J. D. hochgebildet und geistig aktiv: Sie unterhielt einen Gelehrtenzirkel am Hof und führte während der Audienzen, die sie den Spitzen des Staates gab, philosophisch-wissenschaftliche Gespräche. Auf ihre Anregung hin arbeitete der Sophist Philostratos sein «Leben des Apollonios von Tyana» aus. Als Caracalla 217 ermordet wurde, hungerte sich J. D. zu Tode.

Julia Domna, Glyptothek, München

Quellen: Cassius Dio, Geschichte; Historia Augusta, Leben des Severus; Herodian, Geschichte.

Literatur: Kornemann, 252–273.

Junia Calvina

Ururenkelin des Augustus, Tochter des Marcus Junius Silanus (Konsul 19 n. Chr.), Gattin des Lucius Vitellius, dessen Vater 48 n. Chr. Zensor war. Die Ehe wurde bald geschieden, und während seiner Zensur erhob der Exschwiegervater Anklage wegen Inzestes der J. C. mit ihrem Bruder Lucius Silanus. Hinter der Aktion stand → Agrippina III., die den für Octavia II. ausgewählten Bräutigam zugunsten ihres Sohnes Nero aus dem Weg haben wollte. Das Komplott gelang: Silanus mußte sich selbst töten, J. C. wurde verbannt. Sie galt als gut aussehend, keck und lebenslustig, doch hält Tacitus die Anklage für unbegründet. Nach Agrippinas Tod erlaubte Nero der J. C. die Rückkehr, die noch zu Vespasians Zeiten am Leben war. Erhalten ist die Grabschrift ihrer Lieblingssklavin Tyrannis, Gattin des Thymelus.

Quellen: Tacitus, Annalen 12, 4 und 8; 14,12; Seneca, Apocolocyntosis 8,2; Sueton, Leben des Vespasian 23,4; Corpus Inscriptionum Latinarum XIV, 3661.

Kallirhoe

Zentralfigur eines spätantiken griechischen Romans, dessen Autor Chariton von Aphrodisias ist und der um 200 n. Chr. entstand. Die Handlung folgt dem Schema der Romanliteratur jener Zeit: K. und Charikles sind einander in ehelicher Liebe fest verbunden, ein böses Geschick reißt sie auseinander und führt sie durch eine endlose Folge von Bedrängnissen. K.s Schönheit erregt die Besitzgier hochgestellter Männer bis zum Großkönig selber. Abweichend von der Tradition geht sie – im Glauben, ihr geliebter Gatte sei gestorben – eine neue Ehe ein, zu der sie sich in einem anrührenden Dialog mit ihrem und Charikles' noch ungeborenen Kind entschließt. Die üblichen Erzählrequisiten werden mit bemerkenswerter Dezenz eingesetzt; Rettungen aus Scheintod, Räuberei, Piraterie, Kreuzigung, Krieg usw. folgen einander, ohne doch als kraß blendende Effekte zu wirken. Gleiches gilt auch von den partiell eingefügten Zitaten klassischer Schriftsteller; sie sollen der meist einfach gehaltenen Sprachform nach antikem Verständnis zu größerer Höhe und Schönheit verhelfen. Die Rekapitulation der Geschehnisse am Anfang von Buch 5 und 8, insbesondere aber die große Zusammenfassung der Gesamthandlung 8,7 f. unterstreichen nicht ohne Stolz die Einheitlichkeit und Übersichtlichkeit der Erzählung und weisen indirekt auf den organischen Aufbau, die geordnete Struktur dieses möglicherweise frühesten, gewiß aber zu den besten gehörenden griechischen Romans hin, der allen schlimmen Schicksalen zum Trotz als Ende eine glückliche Wiedervereinigung bereit hält.

Quelle: B. Kytzler (Hg.), Im Reiche des Eros. Bd. I. München 1983, 513–672.

Kalypso

Eine Malerin, die die Bilder des Gauklers Theodoros

und des Tänzers Alkisthenes sowie eines Greises schuf. → Timarete.

Quelle: Plinius d. Ä., Naturgeschichte 35, 147.

Kleopatra

Wenn es um K. geht, wird mit Superlativen nicht gespart: O. v. Wertheimer nannte sein Buch «Kleopatra, die genialste Frau der Weltgeschichte» (es wurde in rund ein Dutzend Sprachen übersetzt), W. Görlitz das seine «Kleopatra, Bildnis einer dämonischen Frau». Ihre Sonderstellung – sie ist die zwanzigste von 33 uns bekannten Trägerinnen des Namens – wird auch sprachlich deutlich durch die Ableitung von zwei Adjektiven *cleopatranus* und *cleopatricius,* also «kleopatrisch». So groß das Interesse schon im Altertum an ihr war, so unsicher ist die Quellenlage: Die meisten Berichte stammen aus der Feder ihrer Feinde, Propaganda gegen sie ist stärker als Präzision über sie. So muß hinter vielem von ihr Erzählten ein Fragezeichen stehen, das zu beantworten unsere Informationen nicht ausreichen.

Kleopatra VII. Philopator, die letzte Königin der über Ägypten in der Nachfolge Alexanders d. Gr. herrschenden Ptolemaier, wurde 69 v. Chr. geboren und bestieg 51 mit ihrem Gemahl und Bruder Ptolemaios XIII. den Thron. Als sie 48 von ihm entmachtet wurde, ließ sie sich, in einer Teppichrolle verborgen, zu Julius Caesar schmuggeln. Die junge Orientalin eroberte das Herz des 31 Jahre älteren Römerfeldherren; sie gebar ihm im

Jahre 47 Ptolemaios XV. Kaisar, den man Kaisarion nannte, und regierte zusammen mit ihrem jüngeren Bruder Ptolemaios XIV., nachdem Caesar Ptolemaios XIII. besiegt hatte. Sie hielt sich 46–44 in Rom auf, flüchtete aber nach Caesars Ermordung in ihre Heimat. Als sie sich 41 in Tarsos vor den römischen Autoritäten zu verantworten hatte, verführte sie Antonius und schloß mit dem 13 Jahre älteren den Ehebund. Sie erhielt zahlreiche Ländereien zum Geschenk; 34 wurde ihr der Titel «Königin der Könige» zuteil, ihrem Sohn Kaisarion «König der Könige»; ihre gemeinsamen Kinder wurden zu Unterkönigen bestimmt. All das nährte die Feindschaft gegen K. in Rom, von Caesar Octavian propagandistisch geschickt gegen sie ausgenützt. Am 2. Sept. 31 gewann sein Militärapparat die Schlacht bei Aktium, Antonius und Kleopatra, die Rom hatten erobern wollen, mußten sich nach Ägypten zurückziehen. In immer bedrängterer Lage nahm Antonius sich das Leben; Caesar Octavian nahm Kleopatra gefangen. Ob sie ihn, um eine Teilherrschaft behalten zu können, um Gnade anflehte oder sich ihm selbst anbot, ist ungewiß; daß er seine kostbare Beute im Triumphzug zu Rom mitführen wollte, erscheint sicher. Um dem zu entgehen, machte die Königin am 12. August 30 ihrem Leben ein Ende – ob durch Schlangenbiß oder durch Gift, ist ungeklärt.
Der dramatische Lebenslauf der jungen Frau hat immer wieder Anteilnahme geweckt – insbesondere nachdem in Shakespeares Tragödie ein Kunstwerk von Weltrang ihre Gestalt zauberisch verklärt hat. Die historische K. war nach unserem Wissen keineswegs schön, dafür

Kleopatra, Vatikan, Rom

Korinna, Berlin

aber charmant und witzig, klug, sprachenkundig und zielbewußt. Sie war zweimal auf dem Wege zur «Welt»-Herrschaft (über den Mittelmeerraum) und ist dabei beide Male tragisch gescheitert. So sehr sich viele Einzelheiten ihres Lebens dem Zugriff der Wissenschaft entziehen, so wenig wird ihr Andenken dadurch geschmälert – eher wird die Phantasie angeregt, ihrem Wesen wenigstens in der Fiktion nahezukommen. → Zenobia II., → Boudicca.

Quellen: Münzen, Inschriften, Berichte bei zahlreichen Historikern und Dichtern (vgl. u. I. Becker).

Literatur: H. Volkmann, Kleopatra. Politik und Propaganda. 1953 [in vier Sprachen übersetzt]; I. Becker, Das Bild der Kleopatra in der griechischen und lateinischen Literatur. Berlin 1966; Kornemann, 134–171; Salsa, 312–324.

Monographien: W. Görlitz, Kleopatra. Bildnis einer dämonischen Frau. Hamburg 1936; M. Grant, Kleopatra. [deutsche Übers. 1981]; E. Ludwig, Cleopatra. Geschichte einer Königin. Amsterdam 1937 [in neun Sprachen übersetzt]; T. Schrapel, Das Reich der Kleopatra. Diss. Freiburg 1992; O. v. Wertheimer, Kleopatra. Die genialste Frau der Weltgeschichte. Wien 1930 [in elf Sprachen übersetzt];

Dramen: Hans Sachs, Shakespeare, Corneille, Shaw.

Oper: Georg Friedrich Händel; Julius Caesar.

Korinna

Obwohl sie von einigen Quellen dem 5. Jh. v. Chr. zugewiesen wird, sieht die moderne Forschung in der Lyrikerin aus Tanagra in Boiotien meist eine Gestalt des Hellenismus (um 200 v. Chr.?), die vielleicht sogar erst ins 2. oder 1. Jh. v. Chr. gehört. Sie behandelt im Dialekt ihrer Heimat Lokalsagen wie z. B. *Die Sieben gegen Theben* oder *Iolaos* oder *Boiotoes*. Nur Fragmente ihrer Werke sind erhalten; doch war ihr Nachruhm nicht gering: Ovid z. B. benannte nach ihr die in seinen *Amores* besungene Geliebte → Corinna. → Praxilla.

Quelle: D. L. Page, Anthologia Lyrica Graeca. London 1953 [mit engl. Übers.].

Literatur: D. J. Rayor, Korinna: Gender and the Narrative Tradition, in: Arethusa 26, 1993, 219–232; Homeyer, 62–69; Snyder, 41–54; D. L. Page, Corinna. London 1963.

Kyno → Mandane

Kytheris → Lykoris

Laodike

Tochter Battos' des Glücklichen, des Königs von Kyrene (oder von anderer Herkunft), Gattin des Amasis, des Königs von Ägypten (ca. 570–526 v. Chr.), der sich ihr gegenüber impotent fand, obschon er bei anderen Frauen keine Schwierigkeiten hatte. Er meinte, L. habe ihn verzaubert, und drohte ihr den Tod an. L. gelobte der Aphrodite für den Fall einer raschen Heilung eine Statue in Kyrene. In der Tat gelang in der folgenden Nacht der Ehevollzug, die Zuneigung des Königs wuchs, L. löste ihr Gelübde ein: Herodot sah selbst das von ihr gestiftete Kultbild vor der Stadt Kyrene. Bei der Eroberung Ägyptens erfuhr Kambyses, wer L. war, und entließ sie unbelästigt nach Kyrene.

Quelle: Herodot, Geschichte 2, 181.

Lais I.

Der Name, der entweder mit dem griechischen Wort für Volk, *laos* (vgl. Laie) in Verbindung gebracht wird und also «die allem Volk Bekannte» bedeuten würde oder mit dem hebräischen Wort für Löwe (→ Leaina), ist zahlreichen Hetären beigelegt worden. In der Hauptsache sind jedenfalls zwei, vielleicht auch drei Personen zu unterscheiden. Die ältere L., aus Korinth stammend, hatte früh einen Traum, in dem ihr Aphrodite viele vermögende Freier verhieß. In der Tat verdiente sie viel und gab sich allein dem Kyniker Diogenes unentgeldlich hin. Ein anderer Philosoph, der Kyrenaiker Aristipp, machte ihr große Geschenke, legte aber Wert darauf festzustellen: «Ich habe sie, sie nicht mich!» Dem Dichter Euripides gegenüber, dem sie seinen eigenen Vers zitierte (Medea 1346), zeigte sie ihre Bildung und ihre Schlagfertigkeit. Als im Alter ihr Preis sank, verfiel sie dem Trunk. Auf ihrem Grab in Korinth zeigte das Grabdenkmal eine Löwin, die einen Widder zerreißt; man hat darin einen Hinweis auf ihren Hetärenstand gesehen, insofern die Löwin der Aphrodite als Beschützerin der Hetären heilig war.

Quellen: Athenaios 13, 570; Ailian, Vermischtes 12,5; 14,35; 10,2.

Lais II./Lais III.

Aus chronologischen Gründen liegt es nahe, die vorliegenden Nachrichten nicht einer jüngeren L. allein, sondern noch einer dritten wiederum jüngeren Person gleichen Namens und Standes zuzusprechen. In jedem Fall soll L. auf Sizilien im 5. Jh. v. Chr. geboren und siebenjährig im Zusammenhang mit der sizilischen Expedition nach Athen gekommen sein. Ferner heißt es, der Maler Apelles sei auf sie aufmerksam geworden, habe aber drei Jahre gewartet, da sie erst heranreifen mußte. Nachdem sie populär und reich geworden war, folgte sie einem Thessaler namens Hippolos in die Ehe und in seine Heimat. Dort wurde sie von thessalischen Frauen aus Neid und Eifersucht mit hölzernen Fußschemeln im Heiligtum der Aphrodite getötet und verstümmelt.

Quelle: Athenaios 13, 574 und 588/9.

Lais IV.

Hebamme und Verfasserin von medizinischen Traktaten, die u. a. die Wirkungen von Menstruationsblut beschreiben. In einem silbernen Armband in der Wolle eines schwarzen Widders getragen, hilft es gegen Bisse tollwütiger Hunde und bei Fieber; es kann in bestimmten Verbindungen zum Abort führen, kann Fruchtbarkeit – nach anderen: Unfruchtbarkeit – bewirken.

Quelle: Plinius d. Ä., Naturgeschichte 28,81/82.

Lampusa → Sibyllen

Lanassa

Tochter des syrakusanischen Königs Agathokles, der sie 295 v.Chr. mit König Pyrrhos von Epeiros vermählte, ihr Kerkyra (= Korfu) als Mitgift gab und auf dem Weg zur Hochzeit in Epeiros auch gleich noch Kroton eroberte. L. gebar 294/293 einen Sohn Alexander, wollte sich aber mit den anderen Frauen des Pyrrhos nicht abfinden und zog sich nach Kerkyra zurück. Von hier aus bot sie Hand und Land dem Demetrios Polyorketes an, der, obschon bereits mehrfach verheiratet, bereitwillig L. und Korkyra in Empfang nahm: Pyrrhos hatte Gattin und Insel in einem verloren (290 v. Chr.).

Quelle: Diodor, Geschichte 20–22.

Lavinia

Unter den sagenhaften Frauengestalten der römischen Vorzeit steht L. an der Spitze, die Tochter des Königs Latinus und seiner Gattin Amata. Um ihre Hand warben Turnus, der einheimische Rutulerfürst aus Ardea, und Aeneas, der aus dem Osten kommende trojanische Prinz. Der Sieger im Kampf, Aeneas, gründet ihr zu Ehren die Stadt Lavinium (heute Pratica del Mare) nicht allzuweit von der Tiber-Mündung. Während L.s Rolle in Vergils *Aeneis* eher passiv erscheint, ist sie in der Darstellung des Livius nach dem Tode des Gatten die Regentin, die dem noch unmündigen Sohn des Aeneas, Ascanius, sein Erbe, «den Latinerstaat und das von Vater und Großvater ererbte Königtum», sichert und erhält. Daß so früh in der Geschichte des späteren Weltreiches eine Frau die Zügel führte (*tutela muliebris,*

Lanassa, Metropolitan Museum, New York

«weibliche Vormundschaft»), wird offenbar nicht ohne ein leises Erstaunen konstatiert.

Quellen: Vergil, Aeneis VII und XI–XII; Livius, Römische Geschichte I.

Leaina

In verschiedenen Fragmenten und Kurzberichten erscheint der Name der L., der griechisch «Löwin» bedeutet und eine Lehnübersetzung des semitischen → «Lais» (Löwin) darstellen mag. Beides waren häufige Hetärennamen. L. soll Athenerin gewesen sein, Geliebte des Hermodios oder des Aristogeiton oder beider. Als Hippias sie auf der Folter nach den Tyrannenmördern befragt, schweigt sie entschlossen, ja sie soll sich sogar die Zunge abgebissen haben, um durch diese Selbstverstümmelung jede Aussage unmöglich zu machen. Der auf der Folter Verstorbenen setzten die Athener ein Denkmal auf der Akropolis: eine eherne Löwin, der die Zunge fehlt. Es liegt nahe, daß gerade umgekehrt die Legende entstand, um ein nicht mehr verstandenes Denkmal zu erklären.

Quellen: Cicero, Vom Ruhm (Fragment 12); Plutarch, Von der Schwatzhaftigkeit 8; Plinius, Naturgeschichte 7,87 und 34,72; Polyainos, Kriegslisten 8,45.

Leontion

Gefährtin des Philosophen Epikur, jedenfalls seine Anhängerin und möglicherweise Geliebte. Die hochgebildete Frau hatte den Mut, in einer (verlorenen) Schrift gegen den Aristoteles-Nachfolger Theophrast aufzutreten, und wurde entsprechend angegriffen, z. B. von Cicero (Vom Wesen der Götter 1,93) und Plinius d. Ä. (Naturlehre, Vorwort 29). Diogenes Laertios berichtet von Briefen Epikurs an sie (10,5–7) und gibt auch ein kurzes Fragment. Daß Cicero nicht umhin konnte, ihren Stil mit Anerkennung zu erwähnen, daß ihr Name auch sonst nicht in Vergessenheit geriet, weist auf eine Person von nicht gewöhnlicher Intelligenz, die leider in der Überlieferung kaum mehr als schattenhaft hervortritt. → Hypatia.

Quelle: Synder, 101–105.

Lepida

Aemilia Lepida war Tochter des Konsuls von 21 v. Chr., Quintus Lepidus, und seiner Frau Cornelia, einer Tochter des Faustus Cornelius Sulla und der → Pompeia. Sie war zunächst dem Lucius Caesar als Gattin und damit dem Augustus als Schwiegertochter bestimmt, wurde dann aber Ehefrau des reichen Publius Sulpicius Quirinius, nach kurzer Frist zwischen 3 und 5 n. Chr. geschieden und mit Mamercus Aemilius Scaurus verheiratet, dem sie eine Tochter gebar. Nach einer Frist von 20 Jahren wurden sie von ihrem letzten Gatten angeklagt: wegen Vortäuschung einer Geburt, wegen Ehebruchs, Giftmischerei und astrologischer Recherchen über das Kaiserhaus. Von ihrem Bruder verteidigt, hatte L. Anfangserfolge und vor allem einen großen Auftritt im Theater des Pompeius vermutlich während der großen römischen Spiele 14.–19. Sept., bei dem sie vor allem Volk unter großer Anteilnahme um Mitleid warb. Als aber hernach ihre Sklaven gefoltert wurden und gegen sie aussagten, wendete sich das Blatt; L. wurde in Acht und Bann getan, durfte aber auf Fürsprache des Quirinius ihr Vermögen behalten.

Quelle: Tacitus, Annalen 3, 22/23.

Lesbia → Clodia, → Corinna

Leukippe

Zentralfigur des spätantiken griechischen Romans aus dem 2. Jh. n. Chr., der Achilleus Tatios zum Verfasser hat und als «Kleitophon und Leukippe» zitiert wird. L.s Erscheinung wird beschrieben: Sie ist blond gelockt, hat einen Rosenmund, schwarze Augenbrauen, strahlende Augen, ihr Wesen ist das einer entschlossenen, ihrer selbst sicheren Person, und da der Roman ein Wechselbad von schwierigen Situationen für sie bereithält, ist sie für ihren Weg durch die Welt wohl gerüstet.

Quelle: B. Kytzler (Hg.), Im Reiche des Eros. Bd. II. München 1983, 174–332.

Leukonoë

Freundin des römischen Dichters Horaz, «Heller Sinn», deren wirklicher Name wohl anders gelautet haben mag. An sie ist das Gedicht gerichtet, das zum Lebensgenuß im rechten Sinne auffordert mit der berühmt gewordenen Formel «*Carpe diem*» – «Greif diesen Tag!». Sie ist sonst nicht weiter bekannt.

Quelle: Horaz, Oden 1,11.

Licymnia → Terentia II.

Livia

L., geboren am 30. Januar 58 v. Chr., gestorben 29 n. Chr., vergöttlicht 42 unter Kaiser Claudius. wurde ca. 43 v. Chr. mit ihrem Vetter Tiberius Claudius Nero verheiratet, dem sie am 16. November 42 den gleichnamigen späteren Kaiser gebar. Mit ihrem Gatten kam sie im Gefolge des Antonius 39 nach Rom. Sie traf Octavian, es kam zur sprichwörtlichen «Liebe auf den ersten Blick»: Der junge Junta-Obrist und nachmalige Kaiser löste sofort ihre und seine Ehe (→ Scribonia) und ehelichte am 17. Januar 38 Livia, die (frühere Darstellungen sagen: «obwohl sie») im sechsten Monat schwanger war. Ihr Kind Nero Claudius Drusus wurde nur wenig später geboren. In Rom spöttelte man:

«Wenn dir das Glück ist wohlgesinnt,
Kommt nach drei Monaten dein Kind».

Der Sohn wurde seinem natürlichen Vater überstellt, der aber noch im selben Jahr verstarb, so daß nun seine beiden Söhne zur Mutter zurückkehrten. Von ihrem neuen Mann hatte L. keine Nachkommen außer einer Totgeburt. Die Ehe, so melodramatisch begonnen, dauerte über ein halbes Jahrhundert bis zum Tode des Kaisers. Die Kaiserin unterstützte ihn in Rom wie auch auf seinen Reisen. Schon 35 hatte sie und auch → Octavia das Recht erhalten, ihr Vermögen selbst zu verwalten; auch wurde ihnen die *sacrosanctitas*, die Immunität der Volkstribunen, zuerkannt. Im Pontus und in Judaea wurden Städte nach ihr benannt (Liviopolis, Livias).

Livia, Ny Carlsberg Glyptotek, Kopenhagen

Die erhaltenen Bildnisse zeigen eine ebenso schöne wie willensstarke Dame. Sueton nennt sie eine *uxor facilis,* d. h. eine unkomplizierte Ehefrau, die gelegentliche Ausschweifungen des Gatten ruhig hinnahm, selbst aber peinlich auf ihren Ruf achtete. Kaiser Caligula nannte die listenreiche L. «einen Odysseus im römischen Unterrock». Nach dem Tode des Augustus und dem Regierungsantritt ihres Sohnes Tiberius wurde das Verhältnis zwischen ihr und dem Kaiser von Jahr zu Jahr distanzierter und kühler. Sie wurde im Mausoleum des Augustus beigesetzt. Tiberius nahm nicht an der Bestattung seiner Mutter teil, und so hielt der Urenkel Gaius ihr die Leichenrede.

Quellen: Sueton, Leben des Augustus und des Tiberius; Tacitus, Annalen; Inschriften; Münzen; Büsten; Anonym, Trostgedicht an Livia.

Literatur: Kornemann, 172–221; Salza, 219–257.

Lucilla

Annia Amelia Galeria Lucilla, Tochter des Kaisers Marc Aurel und der jüngeren → Faustina, lebte 149–182 n. Chr. Sie wurde 164 Gattin des Lucius Verus und *Augusta,* 166 Mutter, 169 Witwe und alsbald gegen ihren eigenen und ihrer Mutter Willen mit Titus Claudius Pompeianus vermählt. Sie gebar ihm einen Sohn, obschon sie ihn von Herzen haßte. Ihr Bruder, Kaiser Commodus, behandelte sie nach des Vaters Tode freundlich, doch L. fühlte sich hinter seiner Gemahlin Crispina zurückgesetzt und zettelte eine Verschwörung an, offenbar mit Hilfe ihres Liebhabers, des Sohnes ihres

Lucilla, Antiquario communale, Rom

zweiten Gatten aus erster Ehe, den sie mit ihrer eigenen Tochter aus erster Ehe verlobt hatte. Das Komplott flog auf, L. wurde erst nach Capri verbannt und dann 182 dort getötet.

Quellen: Dio Cassius, Geschichte 70–72; Inschriften; Münzen.

Lucretia

L. gehört in den Bereich jener frührömischen Gestalten, bei denen historischer Kern und historiographisch-legendarische Ausgestaltung in kaum entwirrbarer Verbindung verschmolzen sind. Die uns vorliegenden, ein halbes Jahrtausend späteren Berichte erzählen von einer Wette, die 509 v. Chr. während der Belagerung von Ardea zwischen dem römischen Königssohn Sextus Tarquinius und seinem Vetter Lucius Tarquinius Collatinus abgeschlossen wurde: Um die Moral ihrer Ehefrauen zu prüfen, ritten sie heimlich heim und fanden, während die anderen Damen fröhliche Feste feierten, allein L., die Frau des Collatinus, züchtig am Webstuhl wirkend. Der Prinz kehrte bald hernach allein zu ihr zurück, wurde als Gastfreund aufgenommen, ging aber nächtlich mit seinem Schwert in L.s Kammer. Als sie sich der nackten Gewalt und selbst der Todesdrohung widersetzte, griff Tarquinius zur List: Er werde, so drohte er, ihren Leichnam neben den eines Sklaven legen und sie so, als des Ehebruches überführt, ihres guten Rufes berauben. Nachdem er so sein Ziel erreicht und sich entfernt hatte, beschwor L. durch Boten die beiden nächststehenden Verwandten, Vater und Gat-

ten, unverzüglich mit treuen Freunden zu ihr zu kommen. Als das geschah, erzählte sie den Vorgang, ließ sich durch die Hinweise auf den Zwang, unter dem sie die Tat toleriert hatte, und ihre dadurch gegebene mentale Unschuld nicht von ihrem Entschluß abbringen und tötete sich selbst. Die sich daran anschließenden Unruhen führten nicht nur zur Rache an dem Vergewaltiger, sondern auch zur Vertreibung der Herrscherfamilie. Nach 25jähriger Regierung des Tarquinius Superbus endete die 244jährige Königsherrschaft – die römische Republik war geboren.
Das dramatisch anrührende Geschehen hat zahlreiche literarische und malerische Darstellungen gefunden, so daß die Gestalt sich zu der sprichwörtlichen «keuschen Lucretia» entwickeln konnte. Neben Zustimmung und Bewunderung stand freilich auch Kritik: Augustinus befand, daß selbst ein solcher Selbstmord Sünde sei.

Quellen: Livius, Geschichte I, 57–59; Diodorus Siculus 10, 20ff.; Dionys von Halikarnass 4,64 ff.; Ovid, Fasti 2, 721–852; Valerius Maximus 6,1,1; Augustinus, Civitas Dei 1,19.

Literatur: I. Donaldson, The rape of Lucretia, Oxford 1958; R. A. Baumann, The Rape of Lucretia, in: Latomus 52, 1993, 550–566; H. Galinsky, Der Lucretia-Stoff in der Weltliteratur. Berlin 1932; R. Kleczenski, Wandlungen des Lucretia-Bildes im lateinischen Mittelalter und in der italienischen Literatur der Renaissance, in: Livius. Werk und Rezeption, hg. v. E. Lefèvre und E. Olshausen. München 1983, 313–335; R. M. Ogilvie, A commentary on Livy, Books 1–5. Oxford 1965, 218–229; E. Frenzel, ‹Lucretia›, in: Stoffe der Weltliteratur. Stuttgart 1992[8].

Lykoris

Poetischer Name der Geliebten des Caius Cornelius Gallus, die in Wirklichkeit als Tänzerin Kytheris hieß, mit bürgerlichem Namen aber Volumnia (als Freigelassene des Volumnius Eutrapelos). Sie war ca. 49–47 v. Chr. die Geliebte des Antonius, der sich von ihr trennte, um →Fulvia zu heiraten, ferner des Brutus und hernach des Gallus, welcher die subjektiv-erotische Elegie in die lateinische Literatur eingeführt hat, wovon leider nur trümmerhafte Reste zeugen.

Quellen: Plutarch, Leben des Antonius; Cicero, Briefe an Atticus; Vergil, Ecloge 10.

Mandane

Tochter des medischen Königs Astyages. Dieser träumte, von ihr fließe so viel Wasser aus, daß seine Hauptstadt vollief und ganz Asien überflutet wurde. Daraufhin befragte er Traumdeuter und gab sie nun nicht einem ebenbürtigen Meder zur Frau, sondern einem tieferstehenden Perser, dem Kambyses. Im ersten Jahr nach der Hochzeit hatte er wiederum einen Traum; jetzt sah er aus dem Schoß seiner Tochter einen Weinstock hervorwachsen, der ganz Asien überdeckte. Er ließ wieder die Traumdeuter ihren Kommentar geben und daraufhin seine schwangere Tochter zu sich zurückkommen. Sie gebar Kyros, und um zu vermeiden, daß dieser an seiner Statt Herrscher werde, übergab er seinen Enkel dem Harpagos zur Tötung. Dieser fürchtete, M. könne den sonst kinderlosen alten König ablösen und ihn dann zur Rechenschaft ziehen. So übergab er den Säugling einem Hirten des Astyages namens Mitradates zur Aussetzung. Dessen Frau, Kyno auf griechisch, Spako auf medisch geheißen (in der Bedeutung «Hund»), hatte gerade eine Totgeburt. So tauschten die Hirten die beiden Säuglinge aus. Der Knabe Kyros – der unter anderem Namen aufwuchs – wurde von den Dorfkindern im Spiel zum König gewählt; als solcher verhängte er auch Strafen. Das Spiel wurde bekannt, auch Astyages erfuhr davon und erkannte in dem stolzen Knaben seinen Enkel. Er bestrafte den ungehorsamen Harpagos, indem er ihm das Fleisch seines dreizehnjährigen Sohnes zerstückelt und gekocht als Mahl vorsetzte, und befragte abermals die Traumdeuter. Diese beruhigten ihn: Kyros sei ja schon – im Spiel – König gewesen, es drohe keine Gefahr mehr von ihm. Daraufhin sandte er Kyros zu seinen Eltern Kambyses und M.

Quelle: Herodot, Geschichte 1, 107–113.

Literatur: G. Binder, Die Aussetzung des Königskindes. Kyros und Romulus. Beiträge zur Klassischen Philologie 10, 1964.

Manto → Sibyllen

Marcia I.

M., Tochter des Lucius Marcius Philippus, war seit 61 v. Chr. die zweite Ehefrau des Marcus Porcius Cato Uticensis; das Paar hatte drei Kinder. In der Mitte der 50er Jahre trat der betagte Quintus Hortensius an Cato heran, dieser möge ihm seine (damals etwa 25jährige) Frau überlassen, damit Hortensius noch zu Kindern kommen könne. Entgegen modernen Erwartungen willigte Cato ein, nachdem er M.s Vater konsultiert hatte. Als H. 50 starb, beerbte M. ihn und kehrte zu Cato zurück, führte auch alleinverantwortlich sein Hauswesen während seiner Abwesenheit im Bürgerkrieg. Der Fall erregte einiges Aufsehen und wurde in politisch persönlichen Pamphleten sowohl pro wie contra heftig erörtert; einer der Autoren war kein geringerer als Julius Caesar in seinem (verlorenen) *Anticato*. Der Casus geriet auch in die Schulstuben der Rhetorik, wo Übungen zum Thema erarbeitet wurden, und gab hernach den christlichen Autoren weidlich Gelegenheit, heidnische Unsitten giftig zu geißeln.

Quelle: Plutarch, Leben des Cato d. J.

Literatur: Balsdon, 190; Salvadore, 13–46.

Marcia II.

M. war die Tochter des Lucius Marcius Philippus, des Konsuls im Jahre 38 v. Chr., und Gattin des Paullus Fabius Maximus, der 11 v. Chr. Konsul war und dem von Horaz die Ode 4,1 gewidmet wurde, sowie die Freundin der dritten Frau Ovids, der ihr Lob in höchsten Tönen singt. Tacitus hingegen berichtet – ohne sich mit dem Bericht zu identifizieren – von ihrer folgenreichen Unachtsamkeit: Paullus soll Augustus wenige Monate, bevor dieser starb, als einziger bei einem geheimen Besuch bei seinem verbannten Enkel Agrippa Postumus begleitet und das Geheimnis seiner Gattin eröffnet haben, die es ihrerseits der → Livia mitteilte. Kurz darauf sei Paullus verschieden, vielleicht habe er selbst Hand an sich gelegt. Auch wenn dieser Zusammenhang historisch unverbürgt und vielleicht erfunden ist, wurde die Geschichte von nicht wenigen antiken Autoren geglaubt und dargestellt.

Quellen: Tacitus, Annalen 1,5; Ovid, Fasti 6, 802 ff.; Plutarch, Von der Geschwätzigkeit 11.

Martina

Eine berüchtigte syrische Giftmischerin, befreundet mit → Plancina.

Quelle: Tacitus, Annalen 2,74.

Matrone von Ephesos → Witwe von Ephesos

Melinno

Dichterin eines griechischen Hymnos auf Rom in fünf sapphischen Strophen, bei Stobaios erhalten. Die Datierung des Textes in der modernen Forschung schwankt ungewöhnlich breit, zwischen 340 v. Chr. und 90 n. Chr.; am wahrscheinlichsten ist ein Ansatz in die 1. Hälfte des 2. Jh. v. Chr.: Damals feierten griechische Städte Kultfeste zu Ehren der Roma, in deren Rahmen der Hymnos als eine Art Auftragswerk – vergleichbar dem Lied zur Jahrhundertfeier des Horaz – vorgetragen worden sein mag. → Praxilla.

Quelle: B. Kytzler, Roma Aeterna, Zürich/München 1972, 24 f.

Literatur: C. M. Bowra, Journal of Roman Studies 47, 1957, 21–28; West, 101–115.

Melissa I. → Theano

Melissa II.

Tochter des Proklos, des Tyrannen von Epidauros, und Gattin des Periander, des Tyrannen von Korinth im 7./6. Jh. v. Chr., der auch den Sieben Weisen zugezählt wurde. In einem nicht überlieferten unheilvollen Zusammenhang kam sie durch ihren Gatten ums Leben. Das führte zu schweren familiären Spannungen zwischen dem Vater, dem Periander und dem Enkel Lykophron. Darüber hinaus kam es zu folgender Begebenheit: Ein Gastfreund hatte ein Pfand hinterlegt, Periander vermochte es nicht zu finden und veranstaltete am Acheron ein Totenorakel, um von seiner Frau den geheimen Ort zu erfahren. Diese erschien und teilte mit, sie würde nichts verlautbaren, denn sie fröre – die Kleider seien bei ihrer Beisetzung nicht mit verbrannt worden. Zum Beweis für die Wahrheit ihrer Worte erinnerte sie daran, «er habe die Brote in einen kalten Backofen geschoben». Periander verstand: Er hatte mit der schon toten M. noch ehelichen Verkehr gehabt. Zur Wiedergutmachung des Kleiderfrevels beging er einen neuen: Er ließ alle Frauen Korinths in den Tempel der Hera kommen und dann seine Garde sie zwingen, ihre Kleider abzulegen. Diese wurden nun für die tote M.

verbrannt, und jetzt gab der Schatten das Geheimnis preis.

Quelle: Herodot, Geschichte 3, 50; 5, 92.

Messalina I.

Valeria Messalina, geboren ca. 25 n. Chr., ab 39–40 die dritte Gemahlin des 34 Jahre älteren Kaisers Claudius, väterlicher- wie mütterlicherseits von →Livia herstammend. Die antiken Berichterstatter schwelgen genüßlich in den Berichten über ihre Laster, der Wahrheitsgehalt muß offen bleiben: Sie habe mit einer blonden Perücke ihr schwarzes Haar verdeckt und in einem Bordell Dienst getan, wobei sie mit 25 Kunden pro Nacht ihre Mitarbeiterinnen ausstach; sie habe im Palast eine Art Privatbordell eröffnet, vornehme Damen mitbeteiligt und ihre Männer hinzugezogen. Sicherer beglaubigt ist ihr Verhältnis mit dem Tänzer Mnester und später mit Silius, das zu ihrem eigenen Untergang führte. Zuvor hatte sie zahlreiche Menschen in den Tod geschickt (oder in die Verbannung wie Seneca), teils aus Habsucht, teils aus persönlichen Motiven. Erst als sie sich 48 mit Silius regelrecht «verheiratete», schlossen sich die Freigelassenen Narcissus, Pallas und Callistus zu ihrem Sturz zusammen, und Kaiser Claudius gab erschreckt nach. Zahlreiche ihr nahestehende Personen wurden hingerichtet, endlich auch sie selbst. Als man dem Kaiser die Todesnachricht brachte und dabei offenließ, ob sie von fremder oder eigener Hand getötet worden war, fragte er nicht weiter nach und setzte das Mahl fort.

Messalina I., Glyptothek, München

Quellen: Tacitus, Annalen 11; Sueton, Leben des Claudius; Münzen; Inschriften.

Messalina II.

Statilia M. heiratete 66 in fünfter Ehe Kaiser Nero, dessen dritte Ehefrau sie wurde (nach → Octavia und → Poppea Sabina), nachdem Atticus Vestinus, ihr vierter Gemahl, vom Kaiser ermordet worden war. Sie erhielt zu Lebzeiten im Osten des Reiches göttliche Ehre. Nach Neros Tod wollte Otho sie heiraten; er sandte ihr noch vor seinem Selbstmord am 14. April 69 einen Abschiedsbrief. Sie spielte auch noch in der römischen Gesellschaft unter den Flavischen Kaisern eine Rolle. Man hat gemeint, der Text Juvenals, der philosophische und literarische Launen römischer Damen kritisiert, habe sie im Auge, so daß hier ein Porträt der M. vorliege. In der Beredsamkeit und der Rezitation von Dichtungen wurden ihr große Fähigkeiten nachgesagt.

Quellen: Tacitus, Annalen 15; Sueton, Leben des Nero und des Otho; Juvenal, Satiren 6, 434 ff.

Moiro

Griechische Dichterin um 300 v. Chr. Erhalten sind nur zwei Epigramme (Anthologia Graeca 6,119. 189) sowie zehn Hexameter, zitiert im 2. Jh. n. Chr. von Athenaios (2,491B), über die Pleiaden. Die beiden Epigramme sind Weihgedichte. Über ihre Person wissen wir nur, daß sie die Mutter des Tragödiendichters Homeros war.

Sie bleibt so als Person wie auch als Dichterin fast ganz ohne Konturen. → Praxilla.

Literatur: Snyder, 84–86.

Myia → Theano

Myrtis

Griechische Dichterin, der Legende nach zusammen mit → Korinna Lehrerin des Pindar. Von ihren Werken sind nur Spuren erhalten; Antipater von Thessalonike nennt sie in seiner Aufzählung der neun bedeutendsten Dichterinnen Griechenlands an neunter Stelle mit dem Beiwort «süßtönend». → Praxilla.

Quelle: Anthologia Graeca 9,26.

Neaira

Unter den Reden des Demosthenes findet sich aus den Jahren vor 339 v. Chr. als Nr. 59 ein 50 Seiten umfassendes Plädoyer, das ganz eindeutig nicht ihm zugehört. Bleibt auch dunkel, wer der wirkliche Verfasser ist, so sind doch die delikaten Details der Darstellung durchaus von Interesse. Es geht um N., die als junges Mädchen mit sechs anderen von → Nikarete II. in Korinth angekauft, aufgezogen und als Hetäre ausgebildet worden war. Nikarete verdiente gut an ihnen; zu den Kunden der N. zählten der Dichter Xenokleides und der Schauspieler Hipparchos. Phrynion half ihr beim Freikauf und brachte sie nach Athen, von wo sie nach zwei Jahren nach Megara floh. Stephanos brachte sie zurück; sie lebte als Hetäre und unterstützte ihn; er hingegen erkannte ihre Kinder als seine eigenen, also als freigeborene Bürger an und suchte auch N.s Status zu dem einer freien Person zu machen. Erst nach langen heftigen Auseinandersetzungen einigten sich Stephanos und Phrynion, daß sie abwechselnd zu gleich langen Zeiten auf N. Anspruch haben sollten. Theomnestes und Apollodor brachten N. und Stephanos vor Gericht, weil diese für sie und ihre Kinder betrügerisch das athenische Bürgerrecht in Gebrauch genommen hätten. Über den Ausgang des Prozesses ist nichts bekannt.

Quelle: Demosthenes, Rede Nr. 59.

Literatur: U.E.Paoli, Die Geschichte der Neaira. Bern 1953, 65 ff.

Nemesis → Delia

Nikarete I.

Eine Frau aus guter Familie in Megara, die den Philosophen Stilphon hörte und seine Geliebte wurde. Rivalenklatsch machte sie auch zum Gemeinbesitz der Schule.

Quellen: Diogenes Laertios 2, 115–118; Athenaios 13, 593–596.

Nikarete II.

Korintherin, die junge Mädchen ankaufte, aufzog und

ausbildete, um sie nachher als Hetären für sich arbeiten zu lassen. Unter ihren Opfern war auch → Neaira.

Nitokris I.

Ägyptische Königin gegen Ende des Alten Reiches um die Mitte des 22. Jh. v. Chr., die einzige Frau unter 330 Königen. Sie soll für ihren Bruder Rache genommen haben, den man während seiner Herrschaft ermordet hatte: Sie ließ ein gewaltiges unterirdisches Gemach errichten und lud zur Einweihung die Mörder ein. Während der Feier wurde durch einen geheimen Kanal das Stromwasser in den Saal geleitet, so daß die Schuldigen umkamen. Um der Rache zu entgehen, soll sie sich in einen mit Asche gefüllten Raum gestürzt und erstickt haben.

Quelle: Herodot, Geschichte 2, 100.

Nitokris II.

Die von Herodot dargestellte Geschichte der babylonischen Königin N. ist unhistorisch; die Entstehung der Fehlinformation ist unklar, die ihr zugeschriebenen Baumaßnahmen (Änderung des Flußlaufes des Euphrat, Anlegung eines künstlichen Sees, Brücke, Dämme) sind, soweit keine Erfindung, Werke des Nebukadnezar II. Interessant ist die Anekdote über ihr Grab: Sie ließ es im Stadttor anlegen und anschreiben, wenn einer ihrer Nachfolger in finanziellen Schwierigkeiten sei, dürfe er das Grab öffnen und sich Geld nehmen, soviel er benötige – aber nur aus Not, aus keiner anderen Ursache. Das Grab blieb bis Dareios unberührt; dieser öffnete es, fand aber kein Geld, sondern nur den Leichnam und die Nachricht: «Wenn du nicht so gierig wärest nach Geld und schimpflichem Besitz, so würdest du nicht die Ruhestätten der Toten öffnen!»

Quelle: Herodot, Geschichte 1, 185–187.

Nossis

Griechische Dichterin aus Lokroi am Anfang des 3. Jh. v.Chr. Ihre zwölf erhaltenen Epigramme nennen an drei Stellen (5,170; 6,265; 7,718) ihren Namen, wobei das mittlere Gedicht auch Mutter und Großmutter mit nennt. Meleager rühmt von ihr (4,1,9–10), daß «Eros es war, der ihr die Schreibtäfelchen mit Wachs überzog». So müssen wir sie als erotische Dichterin ansehen, auch wenn nur ein einziges – allerdings höchst eindrucksvolles – Epigramm die Liebe direkt feiert (5,170):

«Nichts ist süßer als Liebe, weit hinter ihr stehen die andern

Freuden; den Honig sogar spei ich vom Munde dafür.

So spricht Nossis. Doch wem Kypris nicht Liebe gegeben,

Kennt seine Rose noch nicht, weiß nicht, wie prangend sie blüht.»

Drei ihrer Weihegedichte gelten Aphrodite (6,275; 9,332. 605), drei weitere beschreiben Frauenporträts (6,353. 354; 9,604). → Praxilla.

Quelle: Anthologia Graeca;

Literatur: Luck, 182–187; Snyder, 77–84; M. Skinner, in: Pomeroy, History, 20–47.

Octavia I.

Die um sechs Jahre ältere einflußreiche Schwester des Augustus lebte 69–11 v. Chr. Aus ihrer ersten Ehe (von 54–40) mit Caius Claudius Marcellus stammten zwei Töchter und der Sohn Marcus Claudius Marcellus. Als Antonius durch den Tod der → Fulvia Witwer geworden war, lag seine Verbindung mit der ebenfalls verwitweten Schwester des Mitregenten Octavian nahe. Die aus Anlaß der Eheschließung geprägte Münze, ein goldener *aureus*, zeigt zum ersten Mal das Abbild einer Römerin auf einem Geldstück, weitere folgten. Die bedeutende Rolle der O. wird so handgreiflich deutlich. Sie nahm nun mit Antonius eine Stelle ein, wie hellenistische Herrscherpaare sie innehatten. Während sie wiederholt zwischen Gatten und Bruder vermittelte und dem Antonius die dringend benötigten Truppen und Gelder zuführte, wuchs der Einfluß der → Kleopatra. Als 35 Antonius ihr aus Phönizien vorschrieb, die Soldaten und Summen, die sie ihm zuführte, weiterzuschicken, selbst aber nach Italien zurückzukehren, hieß Octavian sie den Antonius zu verlassen. Das tat O. jedoch erst, als sie 32 den Scheidungsbrief erhielt. Sie widmete sich nun der Erziehung der Kinder des Antonius mit ihr und mit Fulvia und durfte hoffen, daß ihr eigener Sohn aus erster Ehe, Marcellus, der im Jahre 25 → Julia heiratete, Nachfolger des Augustus werde. Als

Octavia I., Ny Carlsberg Glyptotek, Kopenhagen

Marcellus 23 starb, blieb sie untröstlich bis an ihr Lebensende. Es wird erzählt, daß der Dichter Vergil bei Hof aus seiner *Aeneis* vorlas und O. bei der Erwähnung des Marcellus das Bewußtsein verlor. Augustus selbst hielt ihr die Leichenrede und ließ sie in seinem neu errichteten Mausoleum bestatten.

Quellen: Plutarch, Leben des Antonius; Inschriften; Münzen.

Literatur: Salza, 325–341.

Octavia II.

Tochter des Kaisers Claudius in seiner dritten Ehe mit → Messalina I., geboren ca. 42 n. Chr., mit 1 Jahr bereits verlobt mit Lucius Silanus. Sie war die Schwester des auf Neros Anstiftung hin in ihrer Gegenwart getöteten Britannicus, später durch die Vermählung des Claudius mit → Agrippina auch deren Stieftochter und Neros Stiefschwester, durch die Adoption Neros in die Familie der Claudier schließlich dessen Adoptivschwester. Als Gattin Neros ist sie ab 53 auch Schwiegertochter des Claudius und der Agrippina, nachdem ihre erste Verlobung schon 49 gelöst worden war. Silanus beging am Tag der Hochzeit von Claudius und Agrippina Selbstmord, Nero nahm seine Stelle ein. Sie erlebte 54 den Tod ihres Vaters, 55 den des Britannicus; das erstgenannte Sterben wurde Agrippina zugeschrieben, das zweite Nero. O., eine ernste, rechtschaffene Frau, war nicht nach Neros Geschmack, der sich → Acte zuwandte. Als er 58 → Poppaea traf, nahm diese die erste Stelle ein; als sie 62 schwanger wurde, verstieß Nero O., und als das

Volk zu ihren Gunsten protestierte und randalierte, erbat er abermals die Hilfe des Anicetus (→ Agrippina). Der bekannte sich dazu, Geliebter der O. zu sein; O. wurde daraufhin nach Pandateria (→ Julia) verbannt und dort getötet, ihr Haupt abgetrennt und Poppea überstellt. Nach zwanzig kurzen Lebensjahren so grausam wie schuldlos getötet, fand O. jedoch einen gewissen Nachruhm: Unter Senecas Tragödien findet sich eine «Octavia», die zwar nicht von ihm stammen kann, aber als einzige überlieferte Tragödie mit römischem Stoff Beachtung verdient.

Quelle: Tacitus, Annalen.

Olympias I.

Die Tochter des Neoptolemos, Königs von Epeiros, wurde 357 mit Philipp II. von Makedonien verheiratet, dem sie 356 Alexander d. Gr. und 355 Kleopatra gebar. Vor Alexanders Geburt soll O. geträumt haben, sie höre Donner, ein Blitz fahre in ihren Leib, ein mächtiges Feuer erhebe und verteile sich allenthalben. Auch soll eine Schlange gesehen worden sein, die neben der schlafenden O. lag und als Verkörperung eines Gottes angesehen wurde. Widersprechende Nachrichten knüpfen hieran an: Es heißt, O. habe Alexander ermahnt, mit einem Mute zu kämpfen, «der seiner Geburt entspreche»; andererseits soll sie sein Nachfragen betreffs seiner Zeugung abgewehrt haben mit den Worten, er solle aufhören, sie bei Hera (der Schutzgottheit der Ehe) zu verleumden.

Als 337 Philipp eine weitere Ehe einging, brachte nach

Olympias I., Berlin

ersten Auseinandersetzungen Alexander O. in ihre Heimat Epeiros in Sicherheit. Bald danach wurde Philipp ermordet; ob O. darin verwickelt war, ist unklar und auch unwahrscheinlich. Als Alexander nach Asien zog, machte er Antipatros zu seinem Statthalter in Makedonien. Zwistigkeiten zwischen diesem und O. suchte Alexander auszugleichen. Nach Alexanders Tode behielt Antipatros Makedonien und hielt O. von der Macht fern; nach seinem Tode 319 rächte sich O. an denen, die sie als ihre Feinde ansah, bis schließlich Kassander 316 die stolze, herrschsüchtige und harte Herrscherin töten ließ.

Quelle: Plutarch, Leben des Alexander des Großen.

Literatur: Kornemann, 77–110; H. Berve, Das Alexanderreich auf prosopographischer Grundlage. München 1926.

Olympias II.

Vermutlich im 1. Jh. v. Chr. schrieb die thebanische Hebamme O. ihre Erfahrungen nieder. Das Werk ist nicht erhalten, doch teilt Plinius d. Ä. einige ihrer Ratschläge mit: Abtreibungsmittel; Menstruationsmedizinen; Mittel gegen Sterilität. Auch Dioskurides hat offenbar das Buch der O. benutzt.

Quelle: Plinius, Naturgeschichte 26,226; 28,246 und 253.

Olympias III.

Als letzte der sechs Malerinnen, die Plinius auflistet, erscheint O., von der freilich nur berichtet wird, daß Autoboulos ihr Schüler war. → Timarete.

Quelle: Plinius, Naturgeschichte 35, 148.

Panthea

Xenophon von Athen und nach ihm andere Autoren erzählen die Geschichte von Abradatos, König von Sosinna. Er ist Bundesgenosse des Assyrerkönigs Kroisos im Krieg gegen Kyros, König von Persien. Als dieser das Lager der Feinde erobert, nimmt er auch P. gefangen, die Gattin des Abradatos, der als Gesandter zum König von Baktrien unterwegs ist. Kyros schützt die überaus schöne Frau gegen alle Angriffe; sie dankt es ihm, indem sie ihren Gatten auf die Seite der Perser zieht. Abradatos fällt ihm Kampf, P. gibt sich selbst den Tod über seiner Leiche, mit ihr ihre drei Eunuchen. Kyros läßt für das königliche Paar ein prachtvolles Grabmal errichten. Die novellistische Erzählung ist eingelegt in einen historisch-pädagogischen Kontext, sie ist historisch kaum haltbar.

Quelle: Xenophon, Erziehung des Kyros, 4–7.

Perialla

Oberpriesterin (→ Pythia) in Delphi im 6./5. Jh. v. Chr. Sie sollte die Frage beantworten, ob Demaratos Sohn des Spartanerkönigs Ariston sei. Seinem Gegner Kleomenes gelang es, in Delphi einen gewissen Kobon zu gewinnen, der seinerseits P. beeinflußte (die Art und

Weise ist unbekannt) zu einer für Demaratos negativen Orakelantwort, so daß dieser sein Königtum verlor. Allerdings kam der Betrug ans Licht, woraufhin Kobon aus Delphi verbannt wurde und P. ihr Amt verlor. → Pythia.

Quelle: Herodot, Geschichte 6,66.

Periktione → Theano

Pero → Xanthippe I.

Persinna

Im Roman des Heliodor ist P. Mutter der → Chariklea, die von ihr als weißes Kind schwarzer Eltern geboren worden ist. P. verbirgt sie, um keinen falschen Verdacht aufkommen zu lassen, denn des Rätsels Lösung ist wunderbar genug: Im Augenblick der Empfängnis blickten P.s Augen auf ein Bild, das ihr den weißen Leib der gefesselten Andromeda eindrücklich darbot – P. hatte sich «versehen» und so ein weißes Kind zur Welt gebracht. Dieses Motiv ist in der Antike und auch später verschiedentlich nachzuweisen, vgl. nicht zuletzt die «Wahlverwandtschaften» von Goethe.

Quelle: B. Kytzler (Hg.), Im Reiche des Eros. Bd. I. München 1983, 224–512 [Roman des Heliodor].

Literatur: B. Kytzler, Persinna und Charlotte, in: Res Publica Litterarum 6, 1983, 187–191.

Phaidime

Die Tochter des reichen und vornehmen Persers Otanes war nacheinander Haremsfrau bei Kambyses, Smerdis (d. h. dem echten und dann dem falschen Smerdis) und Dareios. Sie hatte 522 v. Chr. selbst an diesem Thron- und Besitzwechsel entscheidenden Anteil: Ihr Vater hatte Verdacht geschöpft, daß der echte Smerdis durch einen falschen ersetzt worden sei. So sandte er seiner Tochter eine vertrauliche Botschaft, sie möge ihm mitteilen, in wessen Harem sie lebe, dem des Smerdis, Sohn des Kyros, oder einem anderen. Sie antwortete, den Sohn des Kyros habe sie nie gesehen, wer es jetzt sei, wisse sie nicht. In einer zweiten Botschaft bat Otanes sie, →Atossa zu fragen, die doch ihren Bruder kennen müsse; er bekam zur Antwort, der gegenwärtige Herr habe die Frauen isoliert, sie könne Atossa nicht befragen. Nunmehr bat Otanes seine Tochter zum dritten Mal, sie möge, wenn die Reihe an ihr sei, nach den Ohren des schlafenden Mannes fassen: Habe er welche, sei alles in Ordnung; habe er keine, so sei er der falsche Smerdis. Diesem habe nämlich König Kyros wegen einer Verfehlung die Ohren abschneiden lassen. Als die Reihe an P. war, folgte sie, obschon sie sich der großen Gefahr bewußt war, dem Gebot ihres Vaters: Als Smerdis nach dem Beischlaf eingeschlafen war, faßte sie suchend nach seinen Ohren, und als sie keine fand, übermittelte sie am Morgen den Befund ihrem Vater, der sogleich die Verschwörung anzettelte, die den falschen Smerdis Thron und Leben kostete und Dareios an die Macht brachte.

Quelle: Herodot, Geschichte 3, 68/69.

Phemonoe → Sibyllen

Pheretime

Gattin des Königs Battos III. von Kyrene, Mutter des Arkesilaos III. Dieser löste, als er alte königliche Privilegien, die außer Kraft waren, zurückforderte, einen Bürgerkrieg aus. Er verlor diesen und floh nach Samos, P. nach Salamis auf Zypern. Hier bat sie König Euelthon um ein Heer, das ihre Rückkehr nach Kyrene ermöglichen sollte. Sie erhielt verschiedene Geschenke, bat aber hartnäckig weiter um das Heer. Schließlich schenkte Euelthon ihr eine goldene Spindel, einen Rocken und Wolle: Das seien die Geschenke für eine Frau, nicht ein Heer.

In der Zwischenzeit erhielt Arkesilaos Hilfe von Samos und eroberte Kyrene zurück, wurde aber, als er wegen eines Orakelspruches Kyrene verlassen hatte, später in Barka umgebracht. P. hatte in Kyrene an seiner Statt regiert, floh nun aber nach Ägypten, wo ihr der persische Satrap Aryandes ein Heer zur Verfügung stellte, das Barka belagerte, aber erst durch eine List erobern konnte. P. ließ die Hauptschuldigen im Kreise um die Mauern herum kreuzigen, ihren Frauen die Brüste abschneiden und sie ebenfalls entlang der Mauer aufstecken. Als P. von ihrem Rachefeldzug gegen Barka nach Ägypten zurückgekommen war, fand sie ein böses Ende: Ihr Körper wimmelte von Maden, als sie noch am Leben war – eine Strafe der Götter wegen der allzu harten, allzu heftigen Rache an Barka.

Quelle: Herodot, Geschichte 4, 161–167 und 200–205.

Philainis

Hauptsächlich im 3. Jh. v. Chr. nennen mehrere griechische Autoren eine P. als Autorin eines Buches über die «Stellungen beim Liebesakt». Dieses selbst ist nicht erhalten. Als Heimat der Verfasserin wird teils Leukas, teils Samos angegeben. Sie ist neben → Elephantis die berühmteste antike Sexberaterin und wird noch von Goethe in den «Römischen Elegien» erwähnt:

«Dafür soll dir denn auch halbfuslang die prächtige Ruthe

Strozzen vom Mittel herauf, wenn es die Liebste gebeut.

Soll das Glied nicht ermüden, als bis ihr die Duzzend Figuren

Durchgenossen wie sie künstlich Philänis erfand.»

Quellen: Athenaios 220; 335; 457; Timaios bei Polybios, Geschichte 12,13,1; J. W. von Goethe, Römische Elegien, Nachträge IV.

Phintys → Theano

Phoito → Sibyllen

Phryne

Der berühmte Bildhauer Praxiteles schuf im 4. Jh. v. Chr. eine Marmorstatue einer Hetäre Ph. für ein Eros-Heiligtum, der berühmte Redner und Advokat Hypereides verteidigte (zwischen 350 und 340) die Hetäre Ph. gegen die Anklage der Gottlosigkeit: Es ist nicht bewiesen, doch naheliegend, in beiden Fällen ein und dieselbe Person zu sehen. Sie kam ca. 371 aus Thespiai nach Athen, wurde nach einer Zeit der Armut durch ihre Schönheit und ihren Charme reich und beliebt. Sie verwendete keine Schminke, blieb stets zurückhaltend, besuchte keine öffentlichen Bäder und trug lange rundum geschlossene Gewänder. Dazu kamen auch ihr Witz und ihre Schlagfertigkeit, die sich in zahlreichen Anekdoten erkennen lassen. Sie soll so reich gewesen sein, daß sie erklärt haben soll, sie sei bereit, ganz Theben wieder aufzubauen, falls die Thebaner die Inschrift anbrächten: «Alexander hat es zerstört, aufgebaut aber Phryne, die Hetäre.» Vermutlich hat sie sich mit einer großzügigen Spende am Wiederaufbau beteiligt, was in das Jahr 316 führt. Im Prozeß schließlich soll der Staranwalt, als er die ungünstige Lage seiner Klientin bemerkte, dieser den Busen entblößt und dadurch die Richter so beeindruckt haben, daß es zu einem Freispurch kam. Allerdings darf man die Notiz nicht als Stammtischerzählung auffassen: Hypereides wies darauf hin, Ph. sei «Künderin und Priesterin der Aphrodite», und so hat fromme Ehrfurcht, *deisidaimonia,* die Richter bewogen, nicht frivole Augenlust.

Quellen und Literatur: Vgl. Zusammenstellung von A. Raubitschek in: Real-Encyclopädie der Classischen Altertumswissenschaft XX, 893–907.

Phyto → Sibyllen

Phyllis

Freundin des Horaz, von ihm gefeiert als «letzte meiner Lieben», *meorum finis amorum*, eingeladen zu musischer Feier und aufgefordert zu philosophischer Bescheidung auf das Angemessene, zur Vermeidung des Unangemessenen.

Quelle: Horaz, Oden 4,11.

Plancina

Munatia Plancina, Tochter des Konsuls Munatius Plancinus 42 v.Chr., Gattin des Gnaeus Calpurnius Piso und Mutter mehrerer Kinder. Sie begleitete ihn 18 n.Chr. als Legaten nach Syrien, wo sie, ähnlich wie → Agrippina II., Truppenparaden beiwohnte u.a.m. Ihr vertrauter Umgang mit der Giftmischerin → Martina schadete ihr in der Öffentlichkeit, insbesondere als Germanicus starb, weil dieser selbst glaubte, von P. und Piso vergiftet worden zu sein, und weil sie ihrer Freude über sein Ende laut Ausdruck gab. Beide wurden 20 in Rom unter Anklage gestellt; als P. merkte, daß → Livia sie schützte und Tiberius sie verteidigen werde, distanzierte sie sich von Piso, der Selbstmord beging. Nach Livias Tod ließ Tiberius 33 den Prozeß wieder aufnehmen; diesmal war es P., die Selbstmord beging.

Quelle: Tacitus, Annalen 2; 3; 6.

Literatur: N. Kokkinos, Antonia Augusta. Portrait of a Great Roman Lady. London 1992.

Plania → Delia

Plotina → Pompeia Plotina

Polla Argentaria

Gattin des Dichters Marcus Annaeus Lucanus (39–65 n. Chr.). Dieser hatte ihr eine nicht erhaltene *adlocutio* («Anrede») gewidmet, der Dichter Statius dreißig Jahre später ein «Geburtstagsgedicht auf Lucan», Martial drei Epigramme. Statius feiert seine Auftraggeberin durch den Mund der redend eingeführten Muse als «ausgezeichnet durch Schönheit, Einfachheit, Freundlichkeit, Vermögen, Abstammung, Charme, Eleganz». Wie weit all dies als bare Münze zu nehmen ist oder als Schmeichelei, muß offen bleiben.

Quellen: Statius, Silvae 2,7; Martial, Epigramme 7,21 und 23; 10,64.

Literatur: V. Buchheit, Statius' Geburtstagsgedicht zu Ehren Lucans. Hermes 88, 1960, 231–249.

Pompeia

Die Enkelin des Sulla wurde 67 v. Chr. von Julius Caesar geehelicht, der seine Gattin → Cornelia III. verloren hatte und sich nun um eine Verbindung zur Familie des Pompeius bemühte. Fünf Jahre später kam es zu einem Skandal: Im Hause des Pontifex Maximus Julius Caesar wurde ein nur Frauen zugängliches Fest der *Bona Dea* gefeiert, zu dem sich in Verkleidung als Harfenspielerin ein junger Glücksritter Zugang verschaffte – wie später Gerüchte behaupteten, im Einverständnis mit P., um den Trubel des Festes zu einem Schäferstündchen auszunutzen. Der Eindringling wurde vor Gericht gestellt, jedoch nicht verurteilt. Caesar hingegen schickte P. den Scheidungsbrief und antwortete, warum er die möglicherweise Unschuldige entlasse: «Auf Caesars Gattin darf auch nicht der Schatten eines Verdachts liegen.» Bald darauf heiratete er → Calpurnia I.

Quellen: Sueton, Leben des Caesar; Plutarch, Leben des Caesar; Cicero, Briefe.

Literatur: Salza, 65–79; P. Moreau, Clodiana Religio. Un procès politique en 61 av. J.-C. Paris 1982.

Pompeia Paulina

Die zweite Gattin Senecas wünschte, als er sich infolge seiner Teilnahme an der pisonischen Verschwörung gegen Nero im Jahre 65 n. Chr. die Adern öffnen mußte, sein Schicksal zu teilen. Der betagte Philosoph stimmte zu, beide suchten mit einem einzigen Streich ihr Leben zu beenden. Senecas Blut floß allzu langsam, er riet ihr, in ein anderes Gemach zu wechseln. Nero befahl, ihren Selbstmordversuch abzubrechen, und auf den Befehl seiner Schergen stillte die Dienerschaft das Blut der vermutlich bereits bewußtlosen Frau. Sie überlebte noch einige Jahre, die der Erinnerung und dem Gedenken an ihren Gatten gewidmet waren, und trug eine unnatürliche Blässe zur Schau, die den großen Verlust an Lebenskraft bezeugte, den sie erlitten hatte.

Quelle: Tacitus, Annalen 15, 63/64.

Pompeia Plotina

Vor 70 n. Chr. wahrscheinlich in Nîmes geboren, bei der

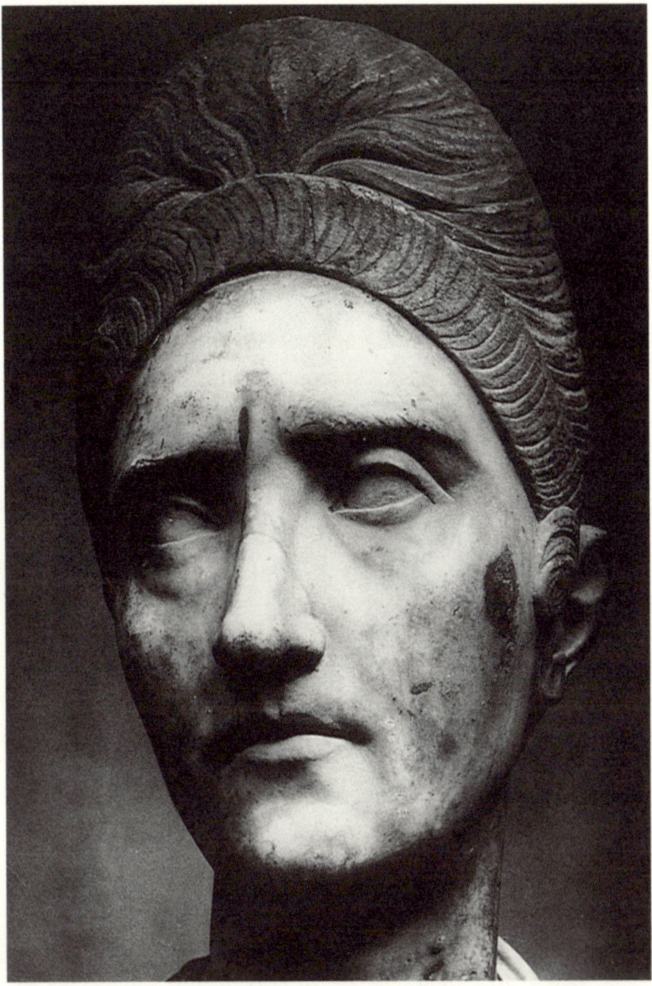

Pompeia Plotina, Museo Capitolino, Rom

Thronbesteigung Trajans bereits mehrere Jahre seine Gattin. Als Kaiserin legte sie Zurückhaltung und Bescheidenheit an den Tag; Plinius d. J. pries sie 100 in seiner Lobrede auf Hadrian als Vorbild einer Gattin nach altrömischer Weise. Sie scheint Trajan vielfach bestimmt zu haben und sich ihrer Ziele und ihres Einflusses durchaus bewußt gewesen zu sein. Diesem hatte auch Hadrian viel zu danken: 100 seine Ehe mit → Vibia Sabina, 113 seine Ernennung zum Legaten, möglicherweise 117 seine Adoption durch den sterbenden Trajan – oder gar die Fälschung derselben durch P. P.

P. P. überführte die Asche des Gatten nach Rom, wo sie nach fünf Jahren verstarb. Daß ihr Kandidat Hadrian Kaiser Trajan auf dem Thron folgte, ist gewiß ihrem Einsatz zu verdanken, ganz gleich, ob unlautere Mittel im Spiele waren oder nicht. Die Geschichte hat ihr Recht gegeben.

Quellen: Historia Augusta, Leben des Hadrian; Plinius d. J., Lobrede auf Trajan; Münzen; Inschriften; Büsten; Gemmen; Ziegel.

Literatur: Temporini, 10–183.

Poppaea Sabina

Um 31 n. Chr. geboren, war P. sechs Jahre älter als Kaiser Nero. Sie begegnete ihm um 58 als Gattin des späteren Kaisers Otho, der sie als Gattin des Ritters Rufius Crispinus verführt und sich mit ihr vermählt hatte, sei es, wie die einen berichten, um sie Nero zuzuführen, sei es nach anderen, weil sie selbst durch ihn an den Kai-

Poppaea Sabina, Museo Nazionale, Rom

ser heranzukommen hoffte. In jedem Falle verfiel Nero ihr rasch, und mit ihr setzte auch seine endgültige Abkehr von allen guten Intentionen ein: Ein Jahr darauf, im März 59, erfolgte der Muttermord an → Agrippina, der Kaiser wurde mehr und mehr zum Komödianten. Nach der Verstoßung der → Octavia II. gebar P. im Januar 63 eine Tochter, die nur vier Monate lebte. Während einer zweiten Schwangerschaft im Frühsommer 65 versetzte der kaiserliche Gemahl ihr bei einem Ehezwist einen Fußtritt, was zu einer Fehlgeburt und dadurch zu ihrem Tode führte. Sie wurde im Mausoleum des Augustus bestattet, Nero selbst hielt die Leichenrede, die Menge des bei der Totenfeier verbrannten Weihrauchs brach alle Rekorde. Die außergewöhnlich schöne, rotblonde Frau pflegte ihr Aussehen intensiv: Sie badete in Eselsmilch, wofür sie auf ihren Reisen 500 Eselinnen mitgeführt haben soll, und benutzte besondere Kosmetika, die «Poppea-Salben», die auch noch später in Gebrauch gewesen sein sollen. Auch im Drama → «Octavia» wird sie erwähnt und ihre Schönheit hervorgehoben; sie tritt auch selbst im Stück auf.

Quellen: Tacitus, Annalen 14–16; Sueton, Leben des Nero; Münzen; Inschriften.

Porcia

Älteste Tochter des Cato Uticensis, bald nach 80 v. Chr. geboren. Pompeius wollte sie 61 ehelichen, doch Cato weigerte sich und gab seine Tochter dem Marcus Bibulus zur Frau, während Pompeius die Tochter Caesars,

→Julia, heiratete. Hortensius wollte sie um 56 heiraten, ein politisch motivierter, nicht realisierter Plan. Bibulus starb 48; ihr Vater nahm sich 46 das Leben, die Tochter des Freiheitshelden verkörperte jetzt ein politisches Programm: Brutus schied sich von seiner – bislang unfruchtbaren – Frau Claudia und ehelichte P. gegen den Wunsch seiner Mutter → Servilia. Der erhoffte Sohn blieb aus, die geborene Tochter starb bald. Als ihr das Geheimnis der Verschwörung gegen Caesar vorenthalten blieb, bewies P. mit einer selbst beigebrachten klaffenden Wunde ihrem Gemahl ihre Standhaftigkeit. Er weihte sie nun ein, und sie nahm an allen Plänen und Aktionen leidenschaftlich Anteil. Ob sie schon vor oder erst nach der Niederlage bei Philippi Selbstmord beging, ist nicht ganz genau gesichert; sie hat, heißt es, heiße Kohlen verschluckt oder ist an ihrem Dampf erstickt. Der hl. Hieronymus nannte sie «eine glückliche keusche Frau», *felix et pudica matrona.*

Quellen: Plutarch, Leben des Brutus; Hieronymus, Gegen Iovinianus I,46.

Literatur: Salza, 91–103; Salvadore, 47–60.

Praxilla

Dichterin aus Sikyon um die Mitte des 5. Jh. v. Chr. P.s Poeme sind fast vollständig verschollen; freilich führt Antipater von Thessalonike sie in seiner Liste der neun griechischen Dichterinnen an erster Stelle auf, noch vor →Moiro, →Anyte, →Sappho, →Erinna, →Telesilla, → Korinna, → Nossis und → Myrtis. Auch wurde ein Versmaß nach ihr benannt als *Praxilleion.* Die wenigen erhaltenen Fragmente sprechen von Adonis, Admet und von einem weiblichen Wesen im Mondlicht: «Haupt einer Jungfrau, doch darunter eine junge Frau». Kein Geringerer als ihr Landsmann Lysipp schuf ein Erzbild der P. → Melinno.

Literatur: Homeyer, 71/72; Synder, 54–59.

Publilia

Zweite Gattin des römischen Redners, Politikers und Philosophen Marcus Tullius Cicero (106–43 v.Chr.). Die Ehe zwischen dem Sechzigjährigen und der Sechszehnjährigen wurde im Dezember 46 geschlossen, kurz nach Ciceros Trennung von → Terentia. Der Entschluß war offenbar rasch gefaßt worden, denn noch Ende November war Cicero im Unklaren, wen er wohl heiraten solle. Ausschlaggebend war wohl neben der Schönheit der Braut vor allem ihr beträchtliches Vermögen. Die Verbindung des ungleichen Paares forderte Kritik und Spott heraus; auf den Vorwurf, er führe in seinen Jahren noch eine Jungfrau heim, soll der sich rüstig fühlende Freier Cicero erwidert haben: «Morgen wird sie bereits Frau sein»! Die Ehe hatte nur kurzen Bestand; ob, wie Plutarch vermutet, weil P. kein gutes Verhältnis zu Ciceros erwachsenen Kindern zu entwickeln vermochte, muß offen bleiben.

Quellen: Cicero, Briefe; Plutarch, Biographie des Cicero.

Pythia

Bezeichnung der Seherin, die in Delphi im Heiligtum

des Apollon Pythios Orakelauskünfte erteilte. Sie tat das auf Anfragen, während die → Sibyllen ungefragt ihre Prophezeiungen verkündeten. Die mythischen Namen aus der Frühzeit, wie der der Apollontochter Phemonoe und der Xenokleia, sind unhistorisch; die persönlichen Namen blieben zumeist unbekannt, doch sind die Geschichten der → Aristonike und der → Perialla überliefert. Das Orakel hatte seit den Zeiten Homers bis zum frühen Christentum Bestand; es wird gern für schwer durchschaubare zweideutige Antworten zitiert, deren rätselhafte Formulierung oft dem Fragenden zum Schaden gereicht.

Quelle und Literatur: Vgl. Zusammenstellung von W. Fauth in: Real-Encyclopädie der Classischen Altertumswissenschaft XXIV, 1965.

Rhea Silvia

Nach → Lavinia die zweite wichtige Frauengestalt aus der sagenhaften mythischen Frühzeit Roms; mitunter auch Ilia genannt. Es heißt, König Numitor sei durch seinen Bruder Amulius verdrängt worden; die Söhne tötete der Usurpator, die Tochter R.S. machte er zur Vestalin – angeblich, um sie zu ehren, in Wirklichkeit, um ihr durch die zwangsweise Jungfräulichkeit die Möglichkeit zu verwehren, Kinder zu haben. Als sie dann die Zwillinge Romulus und Remus gebar, gab sie, so sagt Livius, den Gott Mars als Vater an, sei es, daß sie das selbst glaubte, sei es, daß es anständiger schien, einen Gott zum Schuldigen zu haben. Die Kinder wurden ausgesetzt, die Mutter in den Tiber gestoßen.

Quellen: Livius, Römische Geschichte I; Plutarch, Leben des Romulus.

Literatur: Th. Mommsen, Römische Forschungen, 1 ff.

Rhodopis

«Die Rosenäugige», Bei- und Berufsname der thrakischen Hetäre Doricha, die im 6. v. Chr. als Sklavin auf Samos lebte, nach Ägypten kam, wo sie von Charaxos, dem Bruder der → Sappho, freigekauft wurde und in Delphi vom Zehnten ihres Besitzes eine eigentümliche Weihegabe aus eisernen Bratspießen stiftete. Die in Naukratis ihr zugeschriebene Pyramide stammt, wie schon Herodot betont, keineswegs von ihr.

Quelle: Herodot, Geschichte 2, 134/135.

Roxane

Als 327 v. Chr. in Baktrien die Burg ihres Vaters von Alexander d. Gr. eingenommen wurde, verfiel der Eroberer R.s Schönheit und heiratete sie. Sie begleitete ihn auf seinen Zügen. Als Alexander 323 starb, war sie hochschwanger. Sie gebar einen Knaben, der Alexander genannt und zum König ausgerufen wurde. Die Tochter des Dareios, → Stateira, seit 324 ebenfalls legitime Gattin des Makedonenkönigs, wurde von R. nach Babylon gelockt und zusammen mit einer Schwester ermordet. Freilich blieb R. samt ihrem Sohn in der Gewalt des jeweiligen Reichsverwesers, erst des Perdikkas, dann des Antipatros, schließlich des Polyperchon. R., die sich bei ihm nicht sicher fühlte, flüchtete nach

Epeiros, wo sie → Olympias I. traf. 317 wurden alle drei von Polyperchon nach Makedonien geholt; nach längerer Belagerung eroberte Kassandros Pydna, ließ Olympias töten, R. und ihren Sohn in Amphipolis inhaftieren. Als der Prinz heranwuchs und das Volk sich für ihn zu interessieren und engagieren begann, ließ Kassandros Mutter und Sohn im Geheimen töten und verscharren. Das Bild des Aëtion, das R.s Hochzeit darstellte, war in der Antike hochberühmt.

Quelle: Plutarch, Leben des Alexander d. Gr.

Literatur: H. Berve, Das Alexanderreich auf prosopographischer Grundlage, München 1926.

Sabbe → Sibyllen

Sabina → Vibia Sabina

Sabinerinnen

Die römische Gründungslegende erzählt, daß die junge Stadt an Frauenmangel litt und die Nachbarn sich zu Eheschließungen nicht bereitfinden wollten. Um abzuhelfen, inszenierte Romulus feierliche Spiele zu Ehren des Neptun und lud die Nachbarn dazu ein. Als das Fest auf dem Höhepunkt war, gab er ein Zeichen: Bewaffnete stürmten heran und raubten die Frauen, während sie die Männer entkommen ließen. Den Mädchen sprachen die Männer gut zu: Sie würden ihnen Eltern und Heimat ersetzen und seien vor allem durch leidenschaftliche Liebe zu ihrer Tat getrieben worden, «eine Bitte», wie Livius bemerkt, «die auf ein

Frauenherz am meisten wirkt». Als die Sabiner zur Rache anrückten, hatten sie anfangs Erfolge (→ Tarpeia); in der Entscheidungsschlacht warfen sich aber die Frauen zwischen die Linien und flehten ihre Väter resp. Gatten an, sich nicht gegenseitig zu töten. Es kam zur Versöhnung und zur Vereinigung der beiden Völker.

Quellen: Livius, Römische Geschichte 1; Plutarch, Leben des Romulus.

Literatur: O. Seel, in: Antike und Abendland 9, 1960, 7–17.

Sagana → Canidia

Sambethe → Sibyllen

Sappho

Einzelheiten aus dem Leben der S. (um 600 v. Chr.) sind eher legendarisch als historisch. Sie hat wohl schon als Kind politisches Exil auf Sizilien nehmen müssen, hat später auf ihrer Heimatinsel Lesbos in einem religiös fundierten Kreis (Thiasos) junger Mädchen aus vornehmen Familien gelebt und diese auf ihre spätere Rolle in der Ehe vorbereitet. Weitere Details aus ihrem Dasein sind fraglich, das angebliche Ende durch den Sprung vom Leukadischen Felsen aus Liebeskummer ist gewiß Fabel.

Immerhin ist eines daran richtig: der unbedingte Bezug auf die Liebe. Nicht umsonst ist das einzige vollständig erhaltene Gedicht S.s ein Hymnos an Aphrodite (1 Diehl), ist ihr vielleicht bekanntestes Fragment, das von

Sappho, Sparta

Catull (carm. 51) latinisiert wurde, eine Beschreibung der physischen Zeichen erotischer Erregung (2 Diehl). Es blieb ihr nicht erspart, die heranwachsenden Freundinnen aus ihrem Kreis zur Ehe in die Ferne senden zu müssen; sie hat zahlreiche *Epithalamien* (Hochzeitslieder) geschaffen, hat in ihren Versen mehrfach betont, wie Eros sie «erneut», «abermals», «wiederum» bedrängt. Dieser Gedanke findet sich auch in ihrer poetischen Beschreibung des Liebesgottes: «süßbitteres unbezähmbares Untier» (137 Diehl).
Neun Bücher besaß die Antike von ihr. Sie enthielten neben den Hymnen und Hochzeitsliedern auch vielerlei Privates und Persönliches, sprachen von der Schönheit der Natur und dem Zwiespalt im eigenen Innern, fanden aus Leid zu Rat und Trost und Stille. Immer wieder ergreifen diese Verse durch die «hellsichtige Bewußtheit» (M. Treu), in der das lyrische Ich in einfachsten Worten sein Bild der Welt und des Wesens Mensch zu gestalten weiß. Es wundert nicht, daß sie im Kanon der neun exemplarischen Lyriker als einzige Frau ihren Platz hatte und daß Platon sie in einem Epigramm als zehnte Muse feierte. Im Kanon der neun Dichterinnen des Antipater von Thessalonike heißt sie «der schönlockigen Lesbierinnen Zierde». Ihre Gestalt ist in vielerlei Abwandlungen in den europäischen Literaturen präsent, von Ovids Heroiden-Brief über Boccaccio und Kleist bis zu Grillparzer und Rilke. → Praxilla.

Quellen: E. Diehl, Anthologia Lyrica Graeca I, Leipzig 1954–64[3]; Platon, Anthologie 7, 44; Ovid, Heroides 15.

Literatur: Homeyer, 27–61; Snyder, 1–3, 1–19, in: Pomeroy, History; West, 101–115.

Scribonia

S. heiratete im Jahre 40 v. Chr. aus politischen Motiven in dritter Ehe den um viele Jahre jüngeren Octavian; der Altersunterschied ist nicht genau gesichert, Mutmaßungen von 20 oder gar 25 Jahren sind wohl zu hoch gegriffen. Sie gebar ihm die →Julia, sein einziges Kind, wurde aber rasch verstoßen «aufgrund ihrer Perversität». Diese bestand jedoch offenbar nur in ihrer Ablehnung der Zumutung, Konkubinen des Gatten zu tolerieren. Sie teilte später freiwillig das harte Exil der Julia.

Quellen: Sueton, Leben des Augustus; Tacitus, Annalen; Inschriften.

Literatur: Salza, 191–199.

Semiramis

Um die historische Persönlichkeit der babylonischen Prinzessin und assyrischen Königin Schammuramat/Semiramis (ca. 844 bis ca. 782 v. Chr.) haben sich vielerlei legendarische Züge gelegt. Sie hat offenbar für ihren minderjährigen Sohn Adadmirari III. (810–782) eine Zeitlang die Regentschaft geführt. In der Legende wird ihr, «der berühmtesten aller Frauen», eine wunderbare Geburt zugeschrieben: Von ihrer Mutter, einer Gottheit mit halbem Menschen- und halbem Fischkörper, wird sie ausgesetzt, aber von Tauben ernährt und gerettet. Sie wird erst vom assyrischen Beamten Onnes geheiratet, dann von König Ninos, nach dessen Tod sie gewaltige Bauten errichtet und Feldzüge unternimmt. Die «Hängenden Gärten» in Babylon, die ihr oft zugeschrieben werden, wurden schon in der Antike dem Nebukadnezar (605–562) zugesprochen, der sie für seine medische Frau Amylia errichtet haben soll. Alles, was in der Neuzeit gefunden werden konnte, sind Substruktionen in der Südsiedlung von Babylon, die wohl ursprünglich zur Legendenbildung Anlaß gegeben haben mögen.

Quellen: Herodot, Geschichte 1, 184 und 3,154; Ktesias bei Diodor, Geschichte 2, 4–20.

Literatur: M. Dietrich, Semiramis oder: War die Frau im Alten Orient nur schön? In: Schmitz/Steffgen, 117–182; E. Bleibtreu, Semiramis und andere Gemahlinnen assyrischer Könige, in: Specht, 7–72; W. Eilers, Semiramis. Entstehung und Nachhall einer altorientalischen Sage. Österr. Akademie der Wissenschaften, phil.-hist. Klasse, Sitzungsberichte 274, Bd. 2. Wien 1971.; G. Pettinato, Semiramis. Herrin über Assur und Babylon. Biographie. Zürich 1988; W.Schramm, War Semiramis eine assyrische Regentin? in: Historia 21, 1972; Kornemann, 29–46.

Sempronia

In Sallusts «Verschwörung des Catilina» wird relativ ausführlich eine Frau charakteristiert, von deren Aktivitäten aber nur knapp die Rede ist: Sie hat einmal das Haus ihres abwesenden Gatten für ein konspiratives Treffen zur Vergügung gestellt. Trotz dieser historischen Geringwertigkeit wird sie als Person umfassend gewürdigt, wohl um in ihrer individuellen Gestalt ein psycho-soziales Feld zu erhellen. S. stammt aus vornehmer Familie, ist gut verheiratet (mit Decimus Iunius Brutus, Konsul des Jahres 77 v. Chr.) und besitzt Kinder (unter diesen Decimus Brutus Albinus, später einer von Caesars Legaten und Mördern). Darüber hinaus sieht sie gut aus, ist geistvoll und kennt sich in der griechischen wie lateinischen Literatur bestens aus. Allerdings versteht sie auch zu singen und zu tanzen, besser, als es ihrem Rufe guttut und einer wohlanständigen Dame ansteht. Mit dem Geld nimmt sie es nicht so genau, wartet auch nicht, bis Sex ihr angeboten wird, sondern sucht selbst danach. Damit ist sie als verworfen, verderbt usw. ausgewiesen. – Das Porträt zeigt im Zerrspiegel die Wertewelt der Männergesellschaft am Ende der römischen Republik in krasser Deutlichkeit – auch wenn die als Exemplum gewählte Figur als solche unbekannt ist und bleibt.

Quelle: Sallust, Die Catilinarische Verschwörung 25 und 40,5.

Literatur: G. Conradi, Cornelia e Sempronia. 1946; Hesberg-Tonn, 71–76.

Servilia

Um 100 v. Chr. geboren und somit gleichaltrig mit Julius Caesar, heiratete die römische Patrizierin zunächst Marcus Iunius Brutus, nach dessen Tod 78 Decimus Iunius Silanus, der 62 Konsul war und 60 verstarb. Aus erster Ehe Mutter des (späteren Caesar-Mörders) Brutus, wurde aufgrund des zwischen ihr und Caesar bestehenden leidenschaftlichen Liebesverhältnisses viel darüber spekuliert, ob Brutus Caesars Sohn gewesen und warum S. nicht Caesars Frau geworden sei. Die erste Annahme ist aus chronologischen Gründen unwahrscheinlich, die zweite Frage dürfte dadurch zu beantworten sein, daß Caesar sich einen Sohn wünschte und die jugendliche → Calpurnia I. die Erfüllung eher versprach als die inzwischen 40jährige S. Anekdoten berichten von kostbaren Geschenken Caesars an sie, u. a. einer Perle von so hohem Wert, daß die Gabe Stadtgespräch wurde. Daß Caesar vor der Seeschlacht bei Pharsalos ihren Sohn Brutus, der gegen ihn kämpfte, zu schonen befahl, muß seine Vaterschaft nicht bestätigen; das Kind der Freundin am Leben zu erhalten mochte ihm wichtig genug sein. Nach Caesars Tod war S. die zentrale politische Gestalt der republikanischen Fraktion: Ein Brief Ciceros beschreibt ihren Vorsitz bei einer Besprechung, bei der sie ihm ungescheut über den Mund fuhr und die Änderung eines Senatsbeschlusses versprach, die sie später auch durchsetzte. Auch die Gegenseite achtete sie: Antonius übersandte ihr nach der Schlacht bei Philippi die Asche ihres Sohnes Brutus. Der Historiker Thomas Münzer nennt sie in der Real-Encyclopädie der Classischen Altertumswissenschaft «eine ebenso bedeutende wie anziehende Gestalt, echt weiblich, echt römisch, echt aristokratisch».

Quellen: Sueton, Leben des Caesar; Plutarch, Leben des Caesar; Cicero, Briefe an Atticus 15, 11 und 12.

Literatur: Balsdon 51 f.; Salza, 80–89 u. ö.

Sibyllen

Um die S. rankt sich Rätselhaftes: Der Name ist nicht erklärt, die Anzahl bleibt offen. Hatte Heraklit noch von einer einzigen S. gesprochen, was auch Ps.-Platon und Aristophanes übernahmen, so schwankte später die Zahl zwischen zwei und zehn, wobei mitunter noch weitere hinzutreten. Dominant ist der bei Laktanz überlieferte Zehnerkatalog Varros, der je eine persische, libysche, delphische, kimmerische, erythräische, samische, kumanische, hellespontische, phrygische und tiburtinische nennt. Die ersterwähnte wird auch als chaldäische oder jüdische geführt, die kimmerische auch als italische; es erscheinen anderen Ortes auch noch eine thessalische, kolophonische, thesprotische, sizilische, ägyptische, medische, sardische und lukanische S. Als individuelle Namen werden gelegentlich genannt Herophile für Marpessos am Hellespont, Phemonoe oder Phoito für Samos, Manto für Thessalien, Lampusa für Kolophon, Sabbe für Babylon resp. Ägypten (auch: Sambethe), Phyto für Thesprotien mit mancherlei Mischungen.

Alle diese Frauen wurden als gottbegeisterte Seherinnen verstanden, die im Enthousiasmos unaufgefordert die Zukunft kündeten und meist düstere Ereignisse prophezeiten. Im Zusammenhang mit ihnen stehen die *Sibyllinischen Bücher:* eine griechische Orakelsammlung in 14 Büchern (9/10 verloren), zusammengestellt in der Spätantike, jedoch hellenistisches Gut (Buch 3) und Texte aus dem 1./2. Jh. n. Chr. enthaltend. Ins Leben Roms waren die Sibyllinischen Bücher der Sage nach am Ende des 6. Jh. v. Chr. getreten, als eine alte Frau dem König Tarquinius Superbus (→ Lucretia) neun Bücher zum Kauf anbot. Als diesem der Preis zu hoch erschien, verbrannte sie drei und forderte dieselbe Summe; als sich das nochmals wiederholt hatte, ließ der König sich von den Priestern zum Kauf bewegen und die drei Bücher im Kapitol aufbewahren. Die Sage greift auf allzu frühe Vorzeit zurück; die 83 v. Chr. beim Tempelbrand vernichteten Texte waren wesentlich jünger. Man ließ sie durch Übernahmen aus griechischen Sibyllen-Stätten ersetzen, Augustus schließlich sie auf den Palatin in den Apollon-Tempel überführen. In der europäischen Tradition haben die Sibyllen ihren Platz durch die Jahrhunderte hindurch behalten; erwähnt sei nur die 3. Zeile des *Dies irae* und die berühmten Bilder der Sixtinischen Kapelle im Vatikan.

Quelle und Literatur: A. Kurfess, Sibyllinische Weissagungen. München 1951.

Sophonisbe

Tochter des Hasdrubal, Königin von Numidien. Im Altertum lautete ihr Name Sophonibe resp. Sophonis, die o. a. Form ist modern. Ursprünglich mit Masinissa verlobt, wurde sie ca. 205 v. Chr. mit seinem Rivalen Syphax verheiratet. Sie vermochte ihn lange an Karthago zu binden und von einem Übertritt auf die Seite Roms abzuhalten. 203 fiel S. nach der Eroberung Cirtas in die Hände des Masinissa, der sie zur Frau nahm. Obwohl so die Gattin eines Bundesgenossen, wollte Scipio sie in seinem Triumphzug mitführen. Die Gatten beschlos-

Sophonisbe, Cherchel (Caesarea)

sen, dieser Schmach zuvorzukommen, und S. vergiftete sich. Sie wird als patriotische, gebildete, schöne Frau geschildert. Ihr Bild findet sich sogar in Pompeji.

Quellen: Livius, Römische Geschichte 29–30; Polybios, Römische Geschichte 14,1,4 und 7,6.

Stateira → Mandane

Stateira

Tochter des Dareios, von Alexander d. Gr. 324 v. Chr. in Susa geehelicht im Rahmen einer Massenhochzeit, bei der 80 Generäle und Freunde Alexanders ebenfalls Iranerinnen heirateten, desgleichen viele Soldaten, um so eine Verschmelzungspolitik zu fördern. Sie wurde von Alexanders erster Frau → Roxane nach des Herrschers Tod ermordet.

Quelle: Plutarch, Leben des Alexander d. Gr.

Literatur: H. Berve, Das Alexanderreich auf prosopographischer Grundlage. München 1926.

Sulpicia I.

Junge Dichterin zur Zeit des Augustus. 6 ihrer Poeme mit insgesamt nur 40 Zeilen in 20 Distichen sind im Corpus des Tibull erhalten; das längste umfaßt nur 10 Zeilen, ein anderes besteht nur aus einem einzigen Satz. Ist demnach Kürze eines ihres Kennzeichen, das Fehlen von Mythologie ein anderes, so besticht den Leser – die Gedichte waren gewiß nicht für die Veröffentlichung bestimmt – die Intensität des Gefühls, das hier zur Sprache kommt, die Stärke der Emotionen und die unumwundene Gradheit der Aussage. Das Eingangsgedicht feiert die Beglückung durch die endlich gefundene Liebe und schließt mit dem Satz: «Mein Vergehen, es gefällt mir, mein Auftreten dem Gerede anzupassen ekelt mich an; ruhig soll man es sagen: Sie war es wert, er war es wert – und sie waren beisammen!» Zwei andere Gedichte beklagen die bevorstehende Trennung wegen ihrer Geburtstagsfeier und bejubeln die Änderung des Festprogramms, das nun keine Trennung mehr erfordert. Ein andermal quält sie ein Fieber, und sie fragt sich, ob er wohl an sie denkt. Auch Fragen der Treue werden berührt, schließlich die Reue über ihr Verhalten: Sie ist nicht zu ihm gekommen, weil sie ihr brennendes Verlangen verbergen wollte. Sulpicia spricht im traditionellen Ton der römischen Liebeselegie, aber ihr persönliches poetisches Profil prägt ihre Verse und gibt ihrer Gestalt eigene Kontur.

Bibliographie und Diskussion: H.M.Currie, in: ANRW 30/3, 1751–1764; M. S. Santirocco, Sulpicia reconsidered, Classical Journal 74, 1979, 229–239.

Literatur: Snyder, 128–136; B. Kytzler, in: Von Homer bis Boethius. Klassische Autoren der Antike. Literarische Portraits, Frankfurt 1992, 311 ff.; Homeyer, 173–177.

Sulpicia II.

Am Ende des 1. Jh. n. Chr. lebte in Rom die Dichterin S., Gattin des Calenus. Ein ihr einst zugeschriebenes Gedicht über die Philosophenvertreibung stammt zweifellos nicht von ihr. Hingegen gibt der Epigrammatiker

Martial eine eindringliche Beschreibung – und Empfehlung – ihrer beiden verlorenen erotischen Dichtungen, in denen sie offenbar recht freimütig die Freuden ihres Ehelebens mit Calenus besungen hat: «Alle sollen Sulpicia lesen, die Mädchen, die allein dem einen Manne gefallen wollen, alle sollen Sulpicia lesen, die Gatten, die allein gefallen wollen der Angetrauten... Sie lehrt Künste, reine Liebe, die Späße, die Spiele und Scherze...» Erhalten hat sich einzig ein Doppelvers:

«Wenn wiederhergestellt des Bettes Gurte sind,
Es nackt mich dem Calenus an die Seite legt.»

Quelle: Martial, Epigramme X,35 und 38.

Sulpicia III. → Hispala Faecenia

Tarpeia

Der Tarpeische Felsen am römischen Kapitol soll, so sagt die Legende, seinen Namen nach einer Römerin tragen, die dort zu Tode kam. Als ein Heer zur Rache für den Raub der → Sabinerinnen heranrückte, ließ T., die Tochter des Kommandanten des Kapitols, die Feinde heimlich in die Festung ein. Der Grund für ihren Verrat wird unterschiedlich berichtet: Liebe zum feindlichen Feldherrn oder Gier nach dem Gold der Armreifen bei den sabinischen Soldaten oder gar ein patriotisches Betrugsmanöver. Sie habe, heißt es, zum Lohn verlangt, «was die Soldaten am linken Arme tragen», und eigentlich ihre Ringe gemeint. In jedem Falle wurde sie nicht geschont: Einmal in der Burg, begruben die sabinischen Soldaten T. mit ihren Schilden – die Erzählung nimmt das Ende von Oskar Wildes «Salome» vorweg. Livius nennt zwei Gründe für das Vorgehen der Sabiner: Entweder sollte es so aussehen, daß sie die Festung nicht mit List, sondern mit Gewalt genommen hätten, oder sie wollten dokumentieren, daß Verräter nicht mit einer Belohnung rechnen dürfen.

Quellen: Livius, Römische Geschichte 1,11; Ovid, Fasti 1,261 ff.

Telesilla

Dichterin aus Argos, 1. Hälfte des 5. Jh. v. Chr., von der nur ganz geringe Bruchstücke erhalten sind. Immerhin wurde ein Versmaß nach ihr als *Telesilleion* bezeichnet. Eine Sage berichtet auch, sie habe die Frauen von Argos zum Kampf und Sieg gegen die Spartaner geführt. Doch sind die Themen ihrer Poeme, die wir kennen, nicht kriegerischen Charakters, sondern handeln von Artemis und Apollon; es sind Mädchenlieder, an *Korai*, Mädchen, gerichtet. → Praxilla.

Literatur: Homeyer, 70; Snyder, 59–63.

Terentia I.

Gemahlin des römischen Redners, Politikers und Philosophen Marcus Tullius Cicero (106–43 v. Chr.), offenbar aus vornehmer und auch wohlhabender Familie: Die Mitgift der ca. 79 geschlossenen Ehe betrug 120000 Denare sowie einigen Grundbesitz. Sie war Mutter der Tochter → Tullia II. (um 79) und des Sohnes Quintus (65 geboren). T. wird als selbständig und entschlossen geschildert; sie arrangierte z. B. auf eigene Faust die Verlobung ihrer Tochter Tullia, war während der Verbannung ihres Gatten vielfältig für ihn tätig und nahm auch sonst – z.B. während der Catilinarischen Verschwörung – aktiv an seiner Politik teil. Nach 30 Ehejahren, aus denen auch zärtliche Zeilen vorliegen (*suavissima atque optatissima Terentia,* «liebste, ersehnteste Terentia» [Briefe an die Freunde 14,5,22]), kam es 48 zu – möglicherweise finanziell motivierten – Spannungen und 46 zur Scheidung. Während seiner neuen – kurzen – Ehe mit → Publilia hatte Cicero mancherlei Mühen mit der Rückzahlung der Mitgift. Legendarische, eher phantastische Notizen sprechen von weiteren Ehen der T. (mit Sallust sowie mit Messala Corvinus) und von ihrem Tode nach 103 Lebensjahren. Das moderne T.-Bild ist beeinflußt von der jeweiligen Haltung gegenüber ihrem Gatten Cicero und daher bemerkenswert uneinheitlich.

Quellen: Cicero, Briefe; Plutarch, Leben des Cicero;

Literatur und Bibliographie: L. Neubauer, Terentia. Wiener Studien 31, 1909, 213–232.

Terentia II.

Gattin des Cilnius Maecanas («Mäzen», ca. 70–8 v.Chr.). Ihre Ehe, von Horaz gefeiert in erotischen Tönen, wie sie in Rom für einen solchen Liebesbund bisher nicht erklungen waren, blieb nicht ungetrübt. Ihre Launen belasteten das Verhältnis der Gatten zueinander, der Stadtklatsch kannte sie als Geliebte des Kaisers Augustus. Die Ehe wurde vor 12 v.Chr. geschieden.

Quelle: Horaz, Oden 2,12.

Thargelia

Die von legendarischem Gut umrankte Gestalt der milesischen Hetäre aus dem frühen 5. Jh. v. Chr. genießt den Ruf von Schönheit und Klugheit. Ihr werden 14 Ehen nachgesagt. Sie soll Antiochos, den König von Thessalien, geheiratet und nach seinem Tode selbst 30 Jahre über Thessalien geherrscht haben. Dem Heere des Dareios vermochte sie erfolgreich zu widerstehen; sie soll für ein gutes Verhältnis zwischen dem Perserkönig und ihrer Heimat gesorgt haben, indem sie ihre zahlreichen Liebhaber mit dem König in Berührung brachte und sie zu seinen Gunsten wirken ließ. Sie wurde zum Vorbild der → Aspasia. Ihr Ende war ein Resultat ihrer Intrigen: Ein Argeier, den sie ins Gefängnis gebracht hatte, brachte sie ums Leben.

Quelle: Plutarch, Leben des Perikles 24.

Theano

Ihr Name erscheint zunächst als der einer Schülerin oder der Gattin des Pythagoras (6. Jh. v. Chr.). Im 4. Jh. entstanden neupythagoreische Brieftexte, die außer ihr auch anderen Frauen wie Myia, Melissa I, Periktione und Phintys zugeschrieben sind. Als Themen dienen Fragen wie Kinderspielzeug, eheliche (Un-)Treue, Nahrung, Kleidung usw.; als Haltung wird ein goldener Mittelweg anempfohlen. Die Frage, ob wirklich Frauen diese Texte verfaßt haben oder Männer unter weiblichen Pseudonymen, ist nach wie vor offen. → Hypatia.

Quelle: Diogenes Laertios 8,42–43.

Bibliographie: Snyder, 108–113.

Thusnelda

Arminius (= Hermann der Cherusker), der Sieger über Varus und seine Legion im Teutoburger Wald im Jahr 3 n. Chr., hatte T. zur Frau, die er ihrem Vater Segestes entführt hatte, obschon sie einem anderen verlobt war. 15 n. Chr. wurde Segestes von seinen Stammesgenossen belagert und von einem römischen Kontingent befreit. Bei ihm war auch T., die ein Kind erwartete. Ihre trotzig abweisende Haltung beeindruckte die Römer tief. Sie selbst und ihr bald geborener Sohn mußten sich im Jahr 17 in den Triumphzug des Germanicus einreihen.

Quelle: Tacitus, Annalen 1,55–59.

Timarete

Tochter des Malers Mikon, Schöpferin eines hochaltertümlichen Artemis-Bildes zu Ephesos, von Plinius d. Ä. als erste der Malerinnen (vor → Eirene, → Kalypso, → Aristarete, → Iaia, → Olympias III.) angeführt.

Quelle: Plinius d. Ä., Naturgeschichte 35,147.

Timo

Als Miltiades nach dem Sieg bei Marathon über die Perser 490 v. Chr. einen Strafzug gegen die Insel Paros führte, die – freilich unter Zwang – auf seiten der Perser gekämpft hatte, blieb ihm der militärische Erfolg versagt. Eine kriegsgefangene Frau aus Paros gab ihm Rat; sie war Unterpriesterin der unterirdischen Gottheiten und empfahl ihm, sich in das Heiligtum zu begeben. Die Berichterstattung läßt offen, ob er ein heiliges Gerät fortführen oder etwas anderes tun sollte. Miltiades kam aber, wohl durch einen Sturz verletzt, mit verrenkter Hüfte oder verwundetem Knie ins Lager zurück und kehrte krank nach Athen heim. Hier starb er, denn der Brand hatte sich in seinem Körper ausgebreitet und Fäulnis hervorgerufen. Die Parier aber wollten T. für ihren Verrat bestrafen und fragten in Delphi an, ob sie eine Priesterin töten dürften, die den Feinden eine Gelegenheit gezeigt habe, ihre Heimat zu erobern, und noch dazu den Miltiades jene heiligen Gerätschaften habe sehen lassen, die kein Mann schauen dürfe. Die → Pythia aber antwortete, nicht T. sei die Schuldige, es sei vielmehr alles eingetreten, damit Miltiades sein böses Ende finde, T. sei nur die Wegweiserin für sein Unheil gewesen. So blieb ihr eine Bestrafung erspart.

Quelle: Herodot, Geschichte 6,133–135.

Tomyris

Königin der Massageten in den Steppen östlich des Kaspischen Meeres. König Kyros ließ durch Boten um sie werben; sie begriff, daß er nicht sie, sondern die Herrschaft begehrte, und sagte ab. Als er die Massageten nun unterwerfen wollte, bot die Königin ihm brieflich an, ihr Heer werde nach seinem Wunsche entweder sich drei Tagesreisen vom Grenzfluß zurückziehen oder, wenn er seinerseits sein Heer zurückgezogen habe, selbst übersetzen. Während alle Perser T. im eigenen Lande erwarten wollten, riet der gefangene lydische König Kroisos, den Gegner in seinem Lande zu bekriegen. Er empfahl auch eine List: Man solle den primitiven Massageten ein Festmahl mit viel Wein samt dem schlechtesten Teil des eigenen Heeres in die Hände spielen. Dieser Rat hatte Erfolg: Kyros folgte ihm, die Barbaren machten den allein gelassenen kampfuntüchtigen Teil des Perserheeres nieder, machten sich über Festessen und Weinvorräte her und schliefen berauscht ein. Jetzt kehrten die kriegstüchtigen Perser zurück, töteten einen Teil, nahmen den anderen gefangen, unter ihnen ihren Anführer Spargapises, den Sohn der T.

T. ließ Kyros warnen: Er solle, nachdem er ein Drittel des Massagetenheeres vernichtet habe, sich begnügen, den Sohn der T. freilassen und abziehen – anderenfalls werde sie ihn, so unersättlich er auch sei, an Blute sättigen. Kyros kümmerte sich nicht um die Drohung und rückte vor; Spargapises beging Selbstmord, seine Mutter siegte mit ihrem Heer nach langem harten Kampf, Kyros kam nach 29 Jahren Herrschaft zu Tode. T. ließ einen Schlauch mit Menschenblut füllen und den abgeschlagenen Kopf des Kyros hineinstecken mit den Worten: «So will ich dich, wie ich es dir angedroht habe, satt machen mit Menschenblut.»

Quelle: Herodot, Geschichte 1, 204–214.

Trebulla → Caecilia Trebulla

Tuccia

Vestalin, die im Jahre 230 v. Chr. wegen Unzucht unter

Anklage stand. Hinsichtlich des Ausganges sind die antiken Quellen widersprüchlich: Die einen berichten von Verurteilung, die anderen von einem Gottesurteil, das die Unschuld der T. bewies: Sie trug Wasser aus dem Tiber in einem Sieb heim.

Quellen: Valerius Maximus 8,1,5; Plinius d. Ä., Naturgeschichte 28,12; Dionys von Halikarnass 2,69; Livius, Epitome XX.

Tullia I.

«Eine Freveltat wie aus einer Tragödie» berichtet der römische Historiker Livius über den Regierungswechsel im königlich regierten Rom. Der Herrscher Tullius hatte zwei Töchter; die Schwestern waren mit zwei Brüdern namens Tarquinius verheiratet. Je eine(r) aus den beiden Geschwisterpaaren war ein ruhiger, umgänglicher Mensch, der (die) andere von wilder, ungezügelter Natur. Durch Gattenmord fand sich das ehrgeizige Paar zusammen, und T. spornte ihren Mann zum Staatsstreich an. Dieser gelang, T. kam in einer Kutsche aufs Forum und begrüßte als erste den neuen König. Auf dem Nachhauseweg wollte sie von der Kupfergasse in die Urbiusstiege abbiegen, doch der Wagenlenker wies auf den hier liegenden Leichnam des alten Königs und wollte nicht weiter. T. trieb jedoch das Gespann über die Leiche ihres Vaters und kam blutbesudelt heim – ein böses Omen beim Beginn der neuen Herrschaft, das auf ihr düsteres Ende vorauswies (→ Lucretia).

Quelle: Livius, Römische Geschichte 1.

Tullia II.

Geboren am 5. August 79 (?) v. Chr. als Tochter des römischen Redners, Politikers und Philosophen Marcus Tullius Cicero (106–43 v. Chr.) und seiner Ehefrau → Terentia I., wurde T. mit 12 Jahren verlobt und heiratete 63 v. Chr. ihren ersten Gatten, Quintus Calpurnius Piso. Dieser starb 57, und Tullia ehelichte 56 den Patrizier Furius Crassipes; die Ehe wurde (vermutlich im Jahre 51) aus unbekannten Gründen geschieden. Die nunmehr 29jährige T. heiratete 50 den 19jährigen Publius Cornelius Dolabella in ihrer dritten und seiner zweiten Ehe. Die Verlobung war von ihrer Mutter Terentia in Abwesenheit des Vaters angebahnt worden. Am 19. Mai 49 brachte sie ein Siebenmonatskind zur Welt; der Sohn starb bald. Am 10. November wurde ihre Ehe geschieden; Mitte Februar 45 verstarb T. nach einer Geburt. Ihr Vater war vom Tode der Tochter tief betroffen; er trug sich mit der Absicht, ihr in einer Art Apotheose einen Tempel zu errichten, was aber nicht geschah, und tröstete sich mit der Abfassung einer philosophischen *Consolatio* (Trostschrift), welche aber nicht erhalten ist. Das von ihm in seinen Briefen gezeichnete Bild der T. ist das einer warmherzigen Frau von nicht geringer Begabung; ihrer beider Verhältnis – der gelegentlich in den Quellen auftretende Vorwurf der Blutschande ist gegenstandslos – zählt zu den anrührendsten Vater–Tochter-Beziehungen, die wir aus der klassischen Antike kennen.

Quelle: Cicero, Briefe.

Literatur: J. D. H. Hallett, Fathers and Daughters in Roman Society. Princeton 1984.

Turia I.

Theodor Mommsen und zahlreiche andere Gelehrte gaben diesen Namen einer Frau, die in einer 132 Zeilen umfassenden, fragmentarisch erhaltenen lateinischen Grabinschrift von ihrem überlebenden Gatten gefeiert wird. Neufunde und die jüngsten Forschungen haben ergeben, daß diese Identifikation nicht haltbar ist. So bleibt ein namenloses, anrührendes Frauenschicksal zu beobachten. Die spätestens 9 v.Chr. Verstorbene war 41 Jahre vermählt; sie ist, obschon jünger, vor ihrem Gemahl verstorben. Sein an sie gerichteter Nachruf hat sich ungefähr zur Hälfte erhalten, doch lassen sich die meisten Ergänzungen mit hoher Sicherheit erschließen. Es entsteht das Bild einer außergewöhnlichen Römerin: Sie ist noch als Verlobte durch die Ermordung ihrer Eltern Waise geworden, wußte aber selbst die Bestrafung der Täter zu erwirken. Auch einen juristischen Angriff auf ihre Erbschaft vermochte sie selbständig abzuwehren. Sie wartete auf ihren Gatten, der am Bürgerkrieg zwischen Caesar und Pompeius auf der unterliegenden Seite teilgenommen hatte und hernach vom Sieger begnadigt wurde. Ihres Eheglückes sich zu erfreuen war ihnen nicht lange vergönnt: Das Zweite Triumvirat proskribierte den Mann, seiner Frau gelang es, ihn versteckt zu halten und seine Begnadigung seitens Octavians, des späteren Augustus, zu erwirken. Doch mußte sie die Verwirklichung der Rehabilitierung durch den zu Rom kommandierenden Lepidus unter entwürdigenden Umständen, Schlägen und Stößen erflehen.

Der Ehe blieben Kinder versagt. Die Frau sah sich selbst als ursächlich und «schuldig» an; sie schlug – nach vergeblichen Kuren – die Scheidung vor, so daß der Mann in neuer Ehe Nachkommen haben könnte und sie ihm wie eine Schwester oder Schwiegermutter zur Seite stehen werde. Er lehnte den Vorschlag energisch ab.

Als besondere Tugend der Gestorbenen rühmt die Rede ihre Großzügigkeit, *libertas;* so unterstützte sie durch standesgemäße Ausstattung ärmere Verwandte, die dadurch eine angemessen erscheinende Ehe eingehen konnten.

Daneben preist ihr Gatte ihre Züchtigkeit, Nachgiebigkeit, Freundlichkeit, Umgänglichkeit, ihr Interesse an Handarbeit mit Wolle, ihre unauffällige Kleidung und bescheidene Lebensführung sowie ihre Hingabe an den Glauben, ohne dem Aberglauben zu verfallen. Schließlich erwähnt er auch ihre Anhänglichkeit und ihre Liebe zur Familie und konstatiert: «Besondere Verdienste sind dein; nur wenige Frauen kamen in vergleichbare Situationen, so daß sie derartiges erlitten und geleistet hätten. Daß aber solches sehr selten vorkommt, dafür hat ein gnädiges Geschick gesorgt.»

Quelle und Bibliographie: D. Flach, Die sogenannte Laudatio Turiae. Einleitung, Text, Übersetzung und Kommentar, Darmstadt 1991.

Turia II.

Gattin des Quintus Lucretius Vespillo. Von Appian und Valerius Maximus wird berichtet, daß sie ihren 43 v. Chr. proskribierten Gatten, nachdem er einige Zeit umhergeirrt, infolge Hungers aber zurückgekehrt war, in einem Versteck zwischen Decke und Dach ihres Schlafzimmers verborgen hielt, ohne die ihr selbst dadurch drohende Gefahr zu beachten. Sie vermochte ihn so vor dem sicheren Tod zu erretten und bis zur Begnadigung zu bewahren. Die Ähnlichkeit ihres Verhaltens mit den Ereignissen, die auf einer Grabinschrift gerühmt werden, haben die gelehrte Welt lange Zeit dazu geführt, die dort gepriesene Tote mit Turia gleichzusetzen. Jedoch ist diese Identifizierung durch neue Funde und neue Forschungen widerlegt, so daß nun zwei Frauen bekannt sind, die ihren politisch verfolgten Gemahl 43 v. Chr. auf abenteuerliche Weise versteckt gehalten und so unter Einsatz des eigenen Lebens gerettet haben.

Quellen: Appian 4, 189–192; Valerius Maximus 6,7,2.

Tyrannis → Junia Calvina

Ummidia Quadratilla

Als U. Q. 107 n. Chr. nicht ganz 80jährig starb, war sie für ihr Alter überaus rüstig und robust. Von ihrem Besitz vermachte sie $^1/_2$ ihrer Enkelin, $^2/_3$ des Restes ihrem Enkel Caius Ummidius Quadratus, einem jungen Freunde des Epistolographen Plinius, der seiner Freude darüber Ausdruck gibt, die richtige Wahl der alten Dame lobt und von ihr erzählt: Sie liebte das Brettspiel, ergötzte sich an den Vorführungen ihrer Pantomimen, hielt aber den Enkel davon fern. Auch inschriftlich erhaltene Nennungen liegen vor; so hat sie in ihrer Heimatstadt Casinum ein Amphitheater gestiftet. Man kann sie in der Tat, wie es in der Real-Encyclopädie geschieht, ein «Weib von Eigenart und überdurchschnittlicher Bedeutung» nennen.

Quellen: Plinius d. J., Briefe 7,24; Inschriften.

Verginia

Obschon im Politischen eine Paralelle zur → Lucretia-Legende (die Regierungsform Roms wird infolge eines Vergewaltigungsfalles verändert), ist die Figur der V. im Gegensatz zu der der Lucretia gänzlich passiv. Die antiken Quellen legen ihr keinerlei Äußerungen in den Mund, berichten keine Handlungen ihrerseits. Sie ist die Tochter des Verginius und als solche in seiner Gewalt, bis sie in die ihres Verlobten Icilius übergeben wird. 449 v. Chr., während ihr Vater als Centurio im Felde stand, fiel das Auge des Appius Claudius auf sie. Seine Werbungen blieben jedoch wegen ihres Schamgefühls erfolglos. So ersann er eine List: Sein Klient Marcus Claudius sollte das Mädchen als seine ihm gestohlene Sklavin vor dem Richterstuhl des Appius einklagen; die beiden hofften, in Abwesenheit des Vaters leichtes Spiel zu haben. Als es bei der Ausführung zu heftigen Protesten kam, mußte Appius Claudius die Entscheidung auf den folgenden Tag verschieben, um dem Vater Gehör zu gewähren. Dieser erschien, doch der Richterspruch fiel, wie zu erwarten, zugunsten der Sklaverei. Als Verginius keine Möglichkeit mehr sah, sein Kind zu retten, erdolchte er es vor aller Augen und verfluchte Appius Claudius. Der Bericht schließt: «Icilius und Numitorius hoben den leblosen Körper auf und zeigten ihn dem Volk. Sie beklagten das Verbrechen des Appius, die unselige Schönheit des Mädchens, die Zwangslage des Vaters. Die Frauen, die ihnen folgten, schrieen laut: Setze man dazu Kinder in die Welt, sei das der Lohn der Sittsamkeit? Und sie riefen noch anderes, was in einer solchen Situation der weibliche Schmerz den Klagenden eingibt und was um so rührender ist, je tiefer der Schmerz bei dem schwachen Geschlecht ist. Die Männer und besonders Icilius sprachen nur davon, daß ihnen die tribunizische Gewalt und die Berufung an das Volk entrissen sei, und machten ihrer Empörung über die politischen Zustände Luft.» (Livius III, 58, 7–9; übersetzt von H. J. Hillen). Die V.-Sage zeigt so weniger eine individuelle Persönlichkeit als vielmehr die rechtsunmündige Rolle der Frau im republikanischen Rom.

Quellen: Livius, Römische Geschichte III, 44–50; Dionys von Halikarnassos 28,3 ff.

Veturia

Der römische Feldherr Coriolan fühlte sich von seinen Landsleuten mißachtet und ging zu den Volskern über. Als er mit ihrem Heer gegen seine Heimatstadt zu Felde zog, belagerte er Rom, wo die Menge keinen Krieg, sondern Verhandlungen forderte. Senatoren- und Priestergesandtschaften vermochten nichts auszurichten. Erst als Coriolans Mutter V. und seine Frau Volumnia mit vielen anderen römischen Matronen ins feindliche Feldlager zogen, fanden sie Anhörung und Erhörung ihrer Bitten: Coriolan führte das feindliche Volskerheer heim, wurde aber als Verräter erschlagen. Die Sage, die bald nach 500 v. Chr. spielt, ist erst wesentlich später ausgeschmückt worden: Ein «antiker Frauenlob» habe sie gedichtet, heißt es, und Shakespeares letzte Tragödie hat sie weiter geführt.

Quellen: Livius, Römische Geschichte I; Plutarch, Leben des Coriolan.

Literatur: B. Kytzler, Coriolan, Berlin 1965.

Vibia Sabina

Tochter der Matidia, durch Ulpia Marciana eine Nichte Kaiser Trajans, geb. zwischen 83 und 86 n. Chr., seit 100 Gattin des zukünftigen Kaisers Hadrian; die Ehe wurde von → Plotina gefördert, von Trajan geduldet. Als Kaiserin war sie, wie ihr Gatte formulierte, «launisch und schroff», und als Privatmann hätte er sich von ihr getrennt. Verschiedene Hofbeamte erhielten den Abschied, weil sie es an der erforderlichen Ehrfurcht hätten fehlen lassen, unter ihnen der Gardepräfekt Septicius Clarus und der Biograph Sueton. V. S. nahm an mehreren Reisen des Kaisers teil und besuchte auch am 20. November 130 n. Chr. die Memnonssäule, gemeinsam mit der Dichterin → Julia Balbilla, wovon deren Gedichte dort noch zeugen. V. S. ist wohl 136 gestorben; 139 wurde sie im Hadriansmausoleum beigesetzt. → Demo, → Caecilia Trebulla.

Quellen: Historia Augusta, Hadrian; Inschriften; Münzen.

Vibia Sabina, Museo Nazionale, Rom

Volumnia → **Lykoris,** → **Veturia**

Xanthippe I.

Als besonderes Beispiel fraulicher Frömmigkeit und weiblichen Wohlverhaltens wird von einer X. erzählt, die, als Mykon, ihr alter Vater, im Kerker dem Hungertode preisgegeben war, diesen regelmäßig besuchte und dabei mit ihrer Muttermilch ihren Erzeuger am Leben erhielt. Das Motiv der sog. *caritas Romana* wird auch mit dem Namen → Pero verbunden, es ist namentlich in der Malerei gern ausgeführt worden. Ein historischer Kern der Erzählung läßt sich freilich nicht dingfest machen.

Quellen: Hygin, Fabeln 254; Valerius Maximus 5,4, ext. 1 (caritas Romana).

Literatur: F. Kuntze, Neue Jahrbücher 13, 1904, 280ff.

Xanthippe II.

Weit verbreitet ist die Vorstellung von X., der Frau des Sokrates und Mutter seiner drei Söhne, als zänkischer, unverträglicher und unerträglicher Ehepartnerin. Genaues Zusehen lehrt freilich, daß ein historisches Faktum sich nicht fassen läßt. Von den Zeitgenossen wird lediglich berichtet, daß (laut Platon) Sokrates sie in seiner Todesstunde aus dem Gefängnis nach Hause sandte – sein Gleichmut tritt so in Erscheinung, und die Szene wird frei für das letzte philosophische Gespräch, das der Frage der Unsterblichkeit gewidmet ist. Außerdem wird sie laut Xenophon als «schwierig» bezeichnet, jedoch weniger in biographischem Kontext als in einer Art abstrakter Beispielfunktion. Spätere antike Anekdoten haben – ohne Anspruch auf Realität – sich ihrer Figur bedient, um Sokrates als (kynisch) überlegenen oder (stoisch) unerschütterlichen Weisen darzustellen, für den ihre Figur als finstere Folie zu dienen hat. In der Renaissance schließlich setzt das Wuchern der Legende ein: X. wird sprichwörtlich, ohne wirklich dazu in diesem Sinne berechtigt zu sein. Das einzige sicher erschließbare Faktum bleibt, daß X. wesentlich jünger war als Sokrates: Als dieser siebzigjährig starb, waren seine drei Söhne alle noch Kinder.

Quellen: Platon, Phaidon 60[a]; Xenophon, Erinnerungen an Sokrates 2,2 und Gastmahl 2,10; Cicero, Tuskulanen 3,31; Diogenes Laertios, Philosophen 2,26 und 36f.

Witwe von Ephesos

Zentralfigur eines Schwankes in Petrons *Satyrikon*. Die Erzählung berichtet von einer Matrone, die sich durch weithin berühmt gewordene Tugendhaftigkeit auszeichnete. Als ihr Mann starb, folgte sie ihm ins Grabgewölbe, um Hungers zu sterben. In der Nähe mußte ein Soldat die Leichen von Räubern, die gekreuzigt worden waren, bewachen. Er bemerkte die Dame, beredete sie zunächst, Nahrung zu nehmen, dann auch, im Grab mit ihm zu schlafen. Während ihrer Schäferstündchen wurde eine Räuberleiche von den Verwandten entführt. Der Soldat wollte sich ob seiner Pflichtvergessenheit töten; die Witwe aber ließ ihn die Leiche ihres Gatten am Kreuz anbringen, so daß wieder alles in Ordnung kam.

Das mild misogyne Matronen-Motiv mit dem Motto «Cosi fan tutte» ist in vielen Fassungen weit verbreitet und immer wieder neu bearbeitet worden.

Quelle: Petron, Satyrikon 111–112.

Literatur: G. Huber, Das Motiv der «Witwe von Ephesos» in lateinischen Texten der Antike und des Mittelalters. Tübingen 1990.

Zenobia I.

Tochter des armenischen Königs Mithradates und Gattin ihres Vetters Radamistus um die Mitte des 1. Jh. n. Chr. Als dieser bei seinem zweiten vergeblichen Versuch, die Armenier in seine Botmäßigkeit zu zwingen, fliehen muß, reitet sie, obschon hochschwanger, mit ihm mit. Da die Strapazen aber über ihre Kräfte gehen, bittet sie ihn, um nicht in feindliche Hände zu fallen, sie zu töten. Radamistus wirft ihren Leichnam in den Fluß Araxes und entkommt. Hirten, die sie später auffinden, stellen fest, daß sie noch am Leben ist; sie pflegen sie und überliefern die Gerettete dem neuen Herrscher Tiridates in Artaxata, wo sie mit königlichen Ehren aufgenommen wird.

Quelle: Tacitus, Annalen 12, 44–51.

Zenobia II.

Herrscherin von Palmyra 267–272 n. Chr. Die Oase in Syrien zwischen Emesa am Orontes und Dura Europos am Euphrat wird zu recht von Plinius d. Ä. (5,88) «eine

Zenobia II.

Welt für sich» genannt. Da die Stadt den Karawanen auf dem Wege zwischen dem persischen Golf und dem Euphrat bei Dura Europos drei lebenswichtige Dinge zu verkaufen hatte, einerseits Wasser, andererseits Wegführer, drittens bewaffneten Schutz, blühte der an sich kleine Ort durch viele Generationen hindurch. Seine geographische Lage zwischen den beiden Großmächten Rom und den Parthern förderte zusätzlich seinen Einfluß; seine politische Stellung war auf seiten Roms. 266/267 wurde der Herrscher Odainathos ermordet, für den unmündigen Erben Vallabathos übernahm die Witwe resp. Mutter Zenobia die Regentschaft. «Damit stehen wir vor der Regierung der ersten Frau arabischen Blutes im fernen Osten.» (Kornemann 290) Ihrem diplomatischen Geschick verdankte sie große Erfolge: Ägypten wurde erobert, Ankara eingenommen, ein Großreich aufzubauen unternommen. Im Sommer 271 nahmen Zenobia und ihr Sohn die Titel *Augusta/Augustus* an; sie erklärten sich so zu Ostkaisern des römischen Imperiums. Obschon in anderen Reichsteilen ebenfalls bedroht, sah Kaiser Aurelian die Revolte Zenobias als die gefährlichste an und nahm unverzüglich den Kampf auf. Noch im Herbst 271 wurde Ägypten zurückgewonnen, im Winter Kleinasien. Bei Emesa in Syrien siegte er in der Entscheidungsschlacht, belagerte Palmyra und eroberte es, obschon durch einen Pfeilschuß verwundet. Zenobia wurde auf der Flucht gefangengenommen. Sie soll, den widersprüchlichen antiken Nachrichten zufolge, entweder am Bosporus umgekommen oder im Triumphzug des Aurelian, mit goldenen Ketten gefesselt, durch Rom geführt worden sein, hernach aber auf einem Landgut nahe der Villa des Hadrian gelebt haben. Die (höchst unzuverlässige) *Historia Augusta* nennt sie «umsichtig in ihren Entschlüssen, beharrlich in ihren Maßnahmen, gestreng gegen die Soldaten, großzügig, wenn es nottat, ernst, wenn Strenge geboten war». Dieselbe (trübe) Quelle weiß auch von ihrer außerordentlichen Keuschheit zu berichten, daß sie nur zum Zwecke der Empfängnis ehelich verkehrte und nach jedem Beilager bis zur nächsten Periode wartete, um festzustellen, ob sie empfangen hatte; «nur wenn dies nicht der Fall war, gab sie sich ihrem Gatten abermals hin in der Hoffnung auf Kindersegen» (Hist. Aug. 12). Wenn auch das Teilkaisertum um Palmyra Episode blieb, so ist doch durch Zenobia die Reihe der gegen Rom rebellierenden Regentinnen (→ Boudicca, → Kleopatra) glanzvoll gekrönt worden.

Quelle: Historia Augusta, Die Dreißig Tyrannen, Nr. 30.

Bibliographie: Kornemann 288–313; R. Storremann, Palmyra and its Empire. Zenobia's Revolt against Rome. Ann Arbor 1992; B. Simiat und G. Degeorge, Zenobia di Palmira. Mailand 1993.

Ausgewählte Literatur

I Bibliographien

P. Goodwater, Women in Antiquity. An annotated Bibliography. New York 1975 und 1991.

A.-M. Vérilhac und C. Vial, La Femme dans le monde méditerranéen. Tome II: La Femme grecque et romaine. Lyon 1990.

II Sammelbände

Arethusa 6, 1973.

Arethusa 11, 1978.

Misoginia e Maschilismo in Grecia e in Roma. Pubblicazioni dell'Istituto di filologia classica e medievale 71, Università di Genova, Facoltà di Lettere. Genua 1991.

Die Frau in der Antike. Kolloquim der Winckelmann-Gesellschaft Stendal. Beiträge der Winkelmann-Gesellschaft 17. Stendal 1988.

La dona en l'antiguitat. La mujer en la antiguedad. La donna nell'antichità. Barcelona 1989.

III Literatur

W. Affeldt (Hg.), Frauen in Spätantike und Frühmittelalter. Lebensbedingungen – Lebensnormen – Lebensformen. Sigmaringen 1990.

L. Allason-Jones, Women in Roman Britain. London 1989.

J. Andreau und H. Bruhns (Hg.), Parenté et stratégies familiales dans l'antiquité romaine. Rom 1990.

G. Arrigoni (Hg.), Le Donne in Grecia. Rom/Bari 1985.

J. M. Asher-Greve, Frauen in altsumerischer Zeit. Bibliotheca Mesopotamica, Vol. 18. Malibu 1985,63–179.

J. P. V. D. Balsdon, Roman Women. Their History and Habits. London 1977[5] [deutsch: Die Frau in der römischen Antike. München 1979].

S. Barnard, Cornelia and the women of her family. Latomus 49, 1990, 383–392.

R. A. Bauman, Women and Politics in Ancient Rome. London 1992.

J. L. Beaucamp, Le statu de la femme à Byzance. Paris 1992.

F. Bertini (Hg.), Medievo al femminile. Bari 1989.

I. Bieżuńska-Małovist, La vie mondaine des femmes en Grèce et à Rome, in: Mélanges E. Bernand. Paris 1991, 15–22.

E. Biggi, Venere a Roma. La Prostituta italica, in: Gli affari del vivere e del morire. Brescia 1991, 73–88.

T. Birt, Frauen der Antike. Leipzig 1933.

J. Blok und P. Mason (Hg.), Sexual Asymmetry. Studies in ancient society. Amsterdam 1987.

M. T. Boatwright, The imperial Women of the early second century A. D., in: American Journal of Philology 112, 1991, 513–540.

S. Böhm, Die ‹nackte› Göttin. Zur Ikonographie und Deutung unbekleideter weiblicher Figuren in der frühgriechischen Kunst. Mainz 1990.

F. Brindesi, La famiglia attica. Il matrimonio e l'adozione. Firenze 1961.

S. P. Brock und S. A. Harvey, Holy Women of the Syrian Orient. Berkeley 1987.

E. Burck, Die Frau in der griechisch-römischen Antike. München 1969.

F. Burger, Die griechischen Frauen. München 1924.

C. Calame (Hg.), L'Amore in Grecia. Rom/Bari 1983.

A. Cameron und A. Kuhrt (Hg.), Images of Women in Antiquity. London 1983.

S. Campese, P. Manuli und G. Sissa, Madre materia. Sociologia e biologia della donna greca. Torino 1983.

H. Cancik-Lindemayer, Kultische Privilegierung und gesell-

schaftliche Realität. Ein Beitrag zur Sozialgeschichte der Vergines Vestae, in: Saeculum 41, 1990, 1–16.
E. Cantarella, Le donne e la città. Per una storia della condizione femminile. Como 1985.
Dies., Pandora's Daughters. The Role and Status of Women in Greek and Roman Antiquity. Baltimore 1987 [Original: L'ambiguo malanno. Condizione e imagine della donna nell'antichità greca e romana. Rom 1981].
Dies., La mujer Romana. Santiago de Compostela 1991.
Dies., Selon la nature, l'usage et la loi. La bisexualité dans le monde antique. Paris 1991 [Original: Secondo natura. Rom 1988; engl. Übers.: Bisexuality in the Ancient World. New Haven/London 1992].
A. del Castillo, La emancipacion de la mujer romana en el siglo I D.C. Granada 1976.
G. Clark, Women in the ancient world. Oxford 1989.
S. L. R. Clark, Aristotle's Women, in: Journal of the History of Political Thought III/2, 1992, 177–191.
D. Cohen, Law, sexuality and society. The enforcement of morals in classical Athens. Cambridge 1991.
B. M. Comucci Biscardi, Donne di rango e donne di popolo nell'età dei Severi. Florenz 1987.
D. Daube, Gewaltloser Frauenwiderstand im Altertum. Konstanz 1971.
S. des Bouvrie, Women in Greek Tragedy. An anthropological approach. Oslo 1990 (= Symbolae Osloenses Suppl. 27).
L. Dean-Jones, The Women's Bodies in Ancient Greek Science, Oxford 1993.
M. H. Dettenhofer, Die Frauen von Sparta: Gesellschaftliche Position und politische Relevanz, in: Klio 75, 1993, 61–75.
Dies., Zur politischen Rolle der Aristokratinnen zwischen Republik und Prinzipat, in: Latomus 51, 1992, 775–795.
S. Dixon, The Roman Mother. London 1988.
Dies., The Roman Family. Baltimore 1992.
P. du Bois, Swing the body. Psychoanalysis and ancient Representations of Women. Chicago 1988.
G. Duby und M. Perrot (Hg.), Geschichte der Frauen. Bd. 1: Die

Antike. Frankfurt 1993 [Original: Storia delle donne in Occidente: L'Antichità. Bari 1990].
J.-M. Durand (Hg.), La Femme dans le Proche-Orient Antique. Paris 1987.
B. Egger, Zu den Frauenrollen im griechischen Roman. Die Frau als Heldin und Leserin, in: Groningen Colloquia on the Novel I, 1988, 33–66.
M. Ehrenberg, Women in Prehistory. London 1992.
M. Eichenhauer, Untersuchungen zur Arbeitswelt der Frau in der römischen Antike. Frankfurt a. M. 1988.
J. K. Evans, War, Women and Children in ancient Rome. London 1991.
G. Fau, L'émancipation féminine dans la Rome antique. Paris 1978.
M. I. Finley, The silent women of Rome, in: Aspects of Antiquity. Discoveries and controversies. London 1968, 129–142.
R. Flacelière, L'Amour en Grèce. Paris 1960 [engl. Übers.: Love in Ancient Greece. New York 1961].
H. P. Foley (Hg.), Reflections of Women in Antiquity. New York 1981.
B. Förtsch, Die politische Rolle der Frau in der römischen Republik. Stuttgart 1935.
M. Foucault, Histoire de la sexualité 2: L'usage des plaisirs. Paris 1984.
K. Gaiser, Für und wider die Ehe. Antike Stimmen zu einer offenen Frage. München 1974.
J. F. Gardener, Women in Roman law and society. London 1986.
J. F. Gardener und T. Wiedemann, The Roman household. A sourcebook. London 1991.
B. Gladigow, Römische Erotik im Rahmen sakraler und sozialer Institutionen, in: Würzburger Jahrbücher für die Altertumswissenschaft. Neue Folge 2, 1976, 105–118.
D. Gourevitch, Le mal d'être Femme. La femme et la médecine dans la Rome antique. Paris 1984.
L. Goessler, Plutarchs Gedanken über die Ehe. Basel (Diss. Zürich) 1962.
H. Grassl, Zur Rolle der Frau in den antiken Hirtenkulturen, in: Laverna 1, 1990, 13–17.

P. Grimal, L'Amour à Rome. Paris 1988 [deutsch: Liebe im alten Rom. Frankfurt a.M. 1984].

L.-M. Günther, Witwen in der griechischen Antike – Zwischen Oikos und Polis, in: Historia 42, 1993, 308–325.

R. Günther, Frauenarbeit – Frauenbindung. Untersuchungen zu unfreien und freigelassenen Frauen in den stadtrömischen Inschriften. München 1987.

G. Hafner, Bildlexikon antiker Personen, Zürich 1993.

J. P. Hallett, Fathers and Daughters in Roman society. Women and the Elite Family. Princeton 1984.

D. M. Halperin, J. J. Winkler und F. I. Zeitlin, Before Sexuality. The construction of erotic experience in the ancient greek world. Princeton 1984.

C. Herrmann, Le rôle judiciaire et politique des femmes sous la République Romaine. Collection Latomus 67. Brüssel 1964.

V. von Hesberg-Tonn, Coniunx Carissima. Untersuchungen zum Normcharakter im Erscheinungsbild der römischen Frau. Diss. Stuttgart 1983.

S. K. Heyob, The Cult of Isis among Women in the Graeco-Roman World (=Études préliminaires aux religions orientales dans l'empire romain 51) Leiden 1975.

G. Hoffmann, Le châtiment des amants dans la Grèce Classique. Paris 1990.

Dies., La jeune fille, le pouvoir et la mort dans l'Athènes Classique. Paris 1992.

H. Homeyer, Dichterinnen des Altertums und des frühen Mittelalters. Paderborn 1979.

A. J. L. van Hooff, Female suicide between ancient fiction and fact, in: Laverna 3, 1992, 142–172.

L. Huchthausen, Frauen fragen den Kaiser. Eine soziologische Studie über das 3. Jh. v. Chr. (= Xenia 28.) Konstanz 1992.

S. C. Humphreys, The family, women and death. Comparative Studies. London 1983.

C. Johns, Sex or Symbol. Erotic images of Greece and Rome. London 1982.

R. Just, Women in Athenian law and life. London1989.

M. Kajava, Roman senatorial women and the greek East, in: Roman Eastern policy and other studies in Roman History. Helsinki 1990, 59–120.

N. Kampen, Image and Status: Roman Working Women in Ostia. Berlin 1981.

E. C. Kennedy, The Arts of Love. Five Studies in the Discourse of Roman Love Elegy. Cambridge 1993.

E. C. Keuls, The reign of the phallus. Sexual politics in ancient Athens. New York 1985 [2. Aufl. Berkeley/London 1993].

H. Klimberg, Von Frauen des Altertums. I: Text, II: Kommentar. Münster 1960^{5+3}.

N. Kokkinos, Antomia Augusta. Portrait of a Great Roman Lady. London 1992.

H. Königer, Gestalt und Welt der Frau bei Tacitus. Diss. Erlangen/Nürnberg 1966.

B. Kötting, Die Bewertung der Wiederverheiratung (der zweiten Ehe) in der Antike und in der Frühen Kirche. Rheinisch-Westfälische Akademie der Wissenschaften. Vorträge G 292. Opladen 1988.

E. Kornemann, Große Frauen des Altertums. Leipzig 1942.

A. Kuhn und G. Schneider (Hg.), Frauen in der Geschichte I. Düsseldorf 1982^{2}.

R. S. Kraemer, Her Share of the Blessing. Women's Religions among Pagans, Jews, and Christians in the Greco-Roman World. Oxford 1992.

B. Kreck, Untersuchungen zur politischen und sozialen Rolle der Frau in der späten römischen Republik. Marburg/Lahn 1975.

B. L. Kunstler, Women and the development of the Spartan Polis: A study of sex roles in Classical Antiquity. Boston 1983.

E. Kutzner, Untersuchungen zur Stellung der Frau im römischen Oxyrhynchos. Frankfurt a. M. 1989.

W. K. Lacey, The Family in Classical Greece. London 1968.

M. R. Lefkowitz, Women in greek myth. Baltimore 1986 [deutsch: Die Töchter des Zeus. München 1992].

M. R. Lefkowitz und M. B. Fant, Women's life in Greece and Rome. London 1982.

J. Leipoldt, Die Frau in der antiken Welt und im Urchristentum. Leipzig 1954.

S. Leontsini, Die Prostitution im frühen Byzanz. Diss. Wien 1989.
D.-J. Lesby, Women's Bodies in Classical Greek Science. Oxford 1994.
E. Lévy (Hg.), La femme dans les sociétés antiques. Strasbourg 1983.
G. Lieberg, Puella Divina. Die Gestalt der göttlichen Geliebten bei Catull im Zusammenhang der antiken Dichtung. Amsterdam 1962.
P. Liviabella Furiani und A. M. Scarcella (Hg.), Piccolo Mondo Antico: Appunti sulle donne, gli amori, i costumi, il mondo reale nel romanzo antico. Perugia 1989.
N. Loraux, Les enfants d'Athéna. Idées athéniennes sur la citoyenneté et la division des sexes. Paris 1981 [engl. Übers.: The Children of Athena. Princeton 1993].
Dies., Les expériences de Tirésias. Le féminin et l'homme grec. Paris 1989.
G. Luck, Die Dichterinnen der griechischen Anthologie, in: Museum Helveticum 2, 1954, 170–187.
E. Malcovati u. a., Donne di Roma Antica I–VIII (= Quaderni di Studi Romani). Rom 1945/46.
A. J. Marshall, Roman ladies on trial. The case of Maesia of Sentinum, in: Phoenix 44, 1990, 46–59.
A. J. Marshall, Women on trial before the Roman Senate, in: Échos du Monde Classique – Classical Views 9, 1990, 333–366.
M. Massey, Women in ancient Greece and Rome. Cambridge 1988.
M. C. de Matteis, Donna nel Medioevo: Aspetti culturali e di vita quotidiana. Bologna 1986.
U. Mattioli, Astheneia e andreia. Aspetti della femminilità nella letteratura classica, biblica e cristiana antica. Rom 1983.
Ders. (Hg.), Donna e cultura. Geneva 1991. [Rezension: C. Magazzù, Donna e cristianesimo antico. A proposito di un libro recente, in: Bolletino di Studi Latini 22, 1992, 296–326, 352–355.]
Ders. (Hg.), La donna nel pensiero cristiano antico. Genua 1992.
A. Mette-Dittmann, Die Ehegesetze des Augustus. Eine Unter-

suchung im Rahmen der Gesellschaftspolitik des Princeps. Stuttgart 1991.
M. Meyer, Mutter, Ehefrau, Herrscherin. Darstellungen der Königin auf seleukidischen Münzen, in: Hephaistos 11/12, 1992/93, 107–132.
R. Mortley, Womanhood. The feminine in Ancient Hellenism, Gnosticism, Christianity and Islam. Sydney 1981.
C. Mossé, La Femme dans la Grèce antique. Paris 1983.
M. Mühl, Anulus pronubus. Der Ursprung des römischen Verlobungsringes und dessen symbolische Bedeutung im Eheschließungs- und Verlöbnisrecht Roms. Diss. Würzburg 1961.
S. Murnaghan, How a Woman Can Be More Like a Man: The Dialogue between Ischomachus and his Wife in Xenophon's Oeconomicus, in: Helios 15, 1988.
D. Noy, Matchmakers and marriage-markets in antiquity, in: Échos du Monde Classique – Classical Views 9, 1990, 375–408.
E. Olshausen (Hg.), Die Frau in der Gesellschaft. Humanistische Bildung Heft 11, 1987.
U. E. Paoli, La donna greca nell'antichità. Firenze 1953.
A. Pelletier, La femme dans la société gallo-romaine. Paris 1984.
L. Peppe, Posizione giuridica e ruolo sociale della donna romana in età repubblicana. Milano 1984.
J. Peradotto und J. P. Sullivan (Hg.), Women in the ancient world. The «Arethusa» papers. Albany 1984.
S. Pfisterer-Haas, Darstellungen alter Frauen in der griechischen Kunst. Frankfurt 1989.
Dies., Ältere Frauen auf attischen Grabdenkmälern, in: Mitteilungen des Deutschen Archäologischen Instituts, Athenische Abteilung 105, 1990, 179–196.
J. Pircher, Das Lob der Frau im vorchristlichen Grabepigramm der Griechen. Innsbruck 1979.
A. J. Podlecki, Could Women attend the theater in ancient Athens? A collection of testimonies, in: The Ancient World 21, 1990, 21–43.
S. B. Pomeroy, Goddesses, whores, wives and slaves. Women in

Classical Antiquity. New York 1976 [deutsche Übers.: Frauenleben im klassischen Altertum. Stuttgart 1985].

Dies., Women in Hellenistic Egypt. From Alexander to Cleopatra. New York 1984.

Dies., Women in Ancient Egypt. A preliminary study based on papyri. In: Aufstieg und Niedergang der römischen Welt II, 10/1, hg. H. Temporini und G. Haase. Berlin 1988, 708–723.

Dies. (Hg.), Women's History and Ancient History. Chapel Hill 1991 [zitiert als: Pomeroy, History].

L. A. Post, Women's Place in Menanders Athens, in: Transactions and Proceedings of the American Philological Association 71, 1940, 420–459.

N. S. Rabinowitz und A. Richlin (Hg.), Feminist theory and the Classics. London 1993.

A. Rallo (Hg.), Le donne in Etruria. Rom 1989.

J. G. Randall, «Mistresses» pseudonymes in Latin Elegy, in: Liverpool Classical Monthly 1979, 27–35.

B. M. Rawson (Hg.), The Family in Ancient Rome: New Perspectives. London 1986.

B. M. Rawson (Hg.), Marriage, Divorce, and Children in Ancient Rome. Oxfort 1991.

J. Redfield, The Women of Sparta, in: The Classcial Journal 73, 1977/78, 146–161.

C. Reinsberg, Ehe, Hetärentum und Knabenliebe im antiken Griechenland. München 1989.

A. Richlin, The Garden of Priapus. Sexuality and Aggression in Roman Humour. New Haven/London 1993.

J.-N. Robert, Les modes à Rome. Paris 1988.

A. Rossi, Donne, prostituzione e immoralità nel mondo greco e romano. Rom 1979.

A. Rousselle, Der Ursprung der Keuschheit. Stuttgart 1989 [Original: Porneia. Paris 1989].

H. Ruehfel, Ammen und Kinderfrauen im klassischen Athen. Antike Welt 19,4. 1988.

E. Salza Prina Ricotti, Amori e amanti a Roma tra repubblica e imperio. Rom 1992.

M. Salvadore, Due donne romane. Palermo 1990.

F. Santoro L'Hoir, The Rhetoric of Gender Terms. ‹Man›, ‹Woman›, and the portrayal of characters in Latin Prose. Mnemosyne Supplementa 120. 1992.

I. Savalli, La donna nella società della Grecia antica. Bologna 1983.

D. M. Schaps, Economic Rights of Women in Ancient Greece. Edinburgh 1979.

W. Scheidel, Feldarbeit von Frauen in der antiken Landwirtschaft, in: Gymnasium 97, 1990, 405–431.

B. Schmitz und U. Steffgen (Hg.), Waren sie nur schön? Frauen im Spiegel der Jahrtausende. Mainz 1989.

E. Schuhmann, Die soziale Stellung der Hetären in den Komödien des Plautus, in: Index 17, 1989, 155–160.

Dies., Die Charakteristik der Hetären in den Komödien des Plautus als Widerspiegelung ihrer sozialen Stellung, in: Acta antiqua Academiae scientiarum Hungarica 33, 1990–92, 279–285.

W. Schuller, Frauen in der griechischen Geschichte. Konstanz 1985.

Ders., Frauen in der römischen Geschichte. Konstanz 1987.

I. Seibert, Die Frau im alten Orient. Leipzig 1973.

I. van Sertima, Black Women in Antiquity. New Brunswick 1985.

S. Shahar, Die Frau im Mittelalter. Frankfurt a. M. 1988.

M. Shaw, The female intruder: Women in fifth-century drama, in: Classical Philology 70, 1975, 255–266.

J. A. Shelton, Pliny the Younger and the ideal wife, in: Classica et Mediaevalia 41, 1990, 163–186.

A. K. Siems (Hg.), Sexualität und Erotik in der Antike. Darmstadt 1988.

S. Sierra u. a., Sponsa, Mater, Virgo. La donna nel mondo biblico e patristico. Genova 1985.

G. Sissa, Le corps virginal. La virginité féminine en Grèce antique. Paris 1987.

V. Siurla-Theodoridou, Die Familie in der griechischen Kunst und Literatur des 8. bis 6. Jahrhunderts v. Chr. München 1989.

M. Skinner (Hg.), Rescuing Creusa: New methodological approaches to women in antiquity. A special issue of Helios. New Series 13 (2) 1987.

P. E. Slater, The Glory of Hera. Greek mythology and the greek family. Princeton 1968 [Paperback 1992].
N. Slenzka, Feministische Theologie. Darstellung und Kritik, in: Theologische Rundschau 58, 1993, 396–436.
J. McIntosh Snyder, The Women and the Lyre. Women writers in Classicals Greece and Rome. Bristol 1989.
E. Specht, Schön zu sein und gut zu sein. Mädchenbildung und Frauensozialisation im antiken Griechenland (= Reihe Frauenforschung Bd. 9). Wien 1989.
E. Specht (Hg.), Nachrichten aus der Zeit. Ein Streifzug durch die Frauengeschichte des Altertums (= Reihe Frauenforschung Bd. 18) Wien 1992.
L. K. Taaffe, Aristophanes and Women. London 1993.
O. Temkin, Soranus, Gynecology [engl. Übers.] London 1991.
H. Temporini, Die Frauen am Hofe Trajans. Ein Beitrag zur Stellung der Augustae im Principat. Berlin/New York 1978.
S. Treggiari, Women as property in the early Roman empire, in: Women and the Law. A social historical perspective. Vol. II: Property, family, and the legal profession, hg. D. K. Whisberg. Cambridge Mass. 1986.
Dies., Roman Marriage. Iusti Coniuges from the time of Cicero to the time of Ulpian. Oxford 1991.
R. Uglione (Hg.), Atti del convegno nazionale di studi su «La Donna nel mondo antico». Turin 1987.
Ders. (Hg.), Atti del II convegno nazionale di studi su «La Donna nel mondo antico». Turin 1989.
A. Valerio, Christianesimo al femminile. Napoli 1990.
V. Vanoyeke, La prostitution en Grèce et à Rome. Paris 1990.
C. Vatin, Recherches sur le mariage et la condition de la femme mariée à l'époque hellénistique. Paris 1970.
A.-M. Vérilhac, La Femme dans le monde méditerranéen. Tome I: Antiquité. Lyon 1985.
G. Vidén, Women in Roman Literature. Attitudes of authors under the early Empire. Acta Universitatis Gothogurgensis 1993. Göteborg 1993.
G. Vögler und K. v. Welck, Die Braut. Geliebt, verkauft, getauscht, geraubt. Zur Rolle der Frau im Kulturvergleich. 2 Bde. Köln 1985.

B. Wagner, Zwischen Mythos und Realität. Die Frau in der frühgriechischen Gesellschaft. Frankfurt a. M. 1982.

B. Wagner-Hasel (Hg.), Matriarchats-Theorien der Altertumswissenschaft. Wege der Forschung 651. Darmstadt 1992.

P. Walcot, On widows and their reputation in antiquity, in: Symbolae Osloenses 66, 1991, 5–26.

K. G. Wallace, Women in Tacitus. In: Aufstieg und Niedergang der römischen Welt II, 33, hg. H. Temporini und G. Haase. Berlin 1991, 556–574.

E. Wallinger, Die Frauen in der Historia Augusta. Wien 1990.

I. Weiler, Zum Schicksal der Witwen und Waisen bei den Völkern der Alten Welt, in: Saeculum 31, 1980, 157–193.

Ders., Witwen und Waisen im griechischen Altertum, in: H. Kloft (Hg.), Sozialmaßnahmen und Fürsorge. Zur Eigenart antiker Sozialpolitik (= Grazer Beiträge Suppl. 3) Graz 1988, 15–33.

M. L. West, Die griechischen Dichterinnen der Kaiserzeit; in: Kyklos. Griechisches und Byzantinisches. Rudolf Keydell zum neunzigsten Geburtstag, hg. v. H. G. Beck, A. Kambylis und B. Moraux. Berlin 1978.

C. Wikander, Roman Women of the nobility. Potentates or puppets, in: Munuscula Romana, Stockholm 1991, 65–71.

G. Wickert-Micknat, Die Frau. (= Archaeologia Homerica Bd. III, Fasc. R). Göttingen 1982.

J. J. Winkler, The Contraints of desire. The anthropology of sex and gender in ancient Greece. New York 1990.

U. Winter, Frau und Göttin. Exegetische und ikonographische Studien zum weiblichen Gottesbild im Alten Israel und dessen Umwelt (= Orbis Biblicus et Orientalis 53). Freiburg i. Ü. 1983.

P. Zanker, Die trunkene Alte – das Lachen der Verhöhnten. Frankfurt 1989.

V. Zinserling, Die Frau in Hellas und Rom. Stuttgart 1972.